LE PARADIS

Du même Auteur :

                                                                             Fr.

L'Enfer du Dante, traduit en vers, avec le texte en regard, ouvrage couronné par l'Académie française, 2ᵉ édition ; 2 vol. in-18 6

Le Purgatoire du Dante, traduit en vers, texte en regard ; 2 vol. in-18 6

Impressions littéraires ; 1 vol. in-18 3

Au printemps de la Vie, poésies ; 1 vol. in-32. . . 1

Héro et Léandre, drame antique représenté au Théâtre-Français, 2ᵉ édition ; 1 vol. in-18 . . . 1

LE
PARADIS
DU
DANTE

TRADUIT EN VERS

PAR

LOUIS RATISBONNE

Vagliami 'l lungo studio e 'l grande amore
Che m' han fatto cercar lo tuo volume.

TOME PREMIER

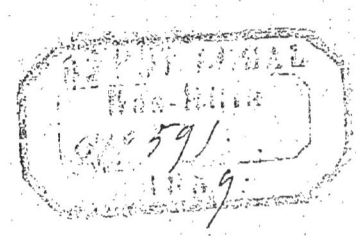

PARIS
MICHEL LÉVY FRÈRES, LIBRAIRES-ÉDITEURS
RUE VIVIENNE, 2 BIS
1860

TYPOGRAPHIE DE G. SILBERMANN, A STRASBOURG.

PRÉFACE

Il y a neuf années (neuf : c'est justement le nombre mystérieux qui sourit à Dante, qui lui sert à mesurer les étages de l'Enfer, du Purgatoire et du Paradis), j'écrivais le premier vers de cette traduction aujourd'hui arrivée à son terme. Suivre Dante, vers par vers, d'un bout à l'autre de la *Divine Comédie*, garder ses aspérités, ses étrangetés, ses ombres comme ses vigueurs de langue, ses tours originaux et ses simples sublimités sans les couvrir d'un fard moderne d'élégance unie et banale; éviter pourtant l'écueil des traductions trop littérales qui ont besoin à leur tour de traduction; conserver ce que le vers seul peut donner, l'harmonie si capitale chez Dante, le rhythme qui soutient dans les passages les plus pénibles du vieux poëte et sans lequel les plus beaux se déforment et se décolorent, voilà le travail que j'ai tenté. Je l'ai poursuivi à loisir, mais sans interruption, avec l'aiguillon et les rafraîchissements que j'ai reçus de précieux suffrages et de la faveur publique, et aussi avec l'accroissement de force que j'ai pu gagner à mesure que j'avançais dans cet âpre mais salutaire chemin.

On m'accordera peut-être une justice dont mon ambition serait satisfaite : aucun traducteur français traduisant en vers un poëte étranger ne s'est astreint à des conditions de fidélité aussi rigoureuses, et cette version a du moins cela d'original qu'elle est le premier essai, bon ou mauvais, d'un nouveau système de traduction en vers. Il est vrai que le système n'était pas ce qu'il y avait de plus difficile à trouver. Ayant Dante pour maître, j'ai mis naturellement mon honneur dans ma servitude. Par la même raison, j'ai été aussi sobre que possible de notes et d'explications. Je n'ai pas voulu étouffer le monument sous le lierre, et sous cette vigne folle qu'on appelle commentaires. On oublie, dit Dante quelque part, en s'indignant contre les interprètes subtils qui substituent leur voix à celle de l'Évangile, « combien il plaît à Dieu, celui qui s'accote humblement au saint livre. » Ainsi ai-je fait, traduisant et notant la *Divine Comédie*, pour ne pas déplaire à la grande ombre de Dante. Le poëte est dur pour les traîtres, et, comme je l'ai dit ailleurs, le châtiment qu'il leur réserve, si l'on songe au proverbe *traduttore, traditore*, était fait pour effrayer. Mais le châtiment ne menace que les interprètes trop indépendants. Pour les autres, pour les servants fidèles, ils n'ont rien à craindre : au contraire, Dante les aime et les encourage magnifiquement. Dans son Élysée profane des poëtes et des sages, l'ardent Gibelin place sur un trône Aristote maître du César de Macédoine, Empereur de la science au moyen âge ; et à ses pieds, dans la foule pieuse qui se presse autour de lui et le contemple, il a donné une humble place à son traducteur arabe. Il s'est souvenu d'Averrhoès....

« Ou laissé-je égarer mes vœux et mes esprits ? »

Je n'ai pas, qu'on le croie bien, un trop « long espoir, » ni de trop « vastes pensées, » et en finissant cette longue tâche, je ne m'applaudis bien que de mes efforts et de ma constance.

Quelques mots seulement, comme une éclaircie sur le Paradis, avant que le lecteur s'y engage, pour l'encourager à y entrer.

Le Paradis de Dante, imaginé suivant les hypothèses astronomiques du temps, est divisé en neuf sphères circulaires ayant pour centre la terre, et tournant plus rapides à mesure qu'elles s'éloignent de leur axe ; au-dessus de ces neuf *ciels* et les enveloppant tous, l'Empyrée, capitale de Dieu. Les sept premiers *ciels* sont les sept planètes : la Lune (Diane), *ciel* de la chasteté ; Mercure, de l'activité glorieuse ; Vénus, de l'amour et de l'amitié purifiés ; le Soleil, *ciel* des théologiens propagateurs du soleil de la foi, flambeaux de l'Église ; Mars, des pieux guerriers ; Jupiter, des rois justes ; Saturne, *ciel* de la vertu contemplative. Aucune de ces planètes n'est la demeure fixe et invariable des âmes qui s'y montrent. Leur siége à toutes est dans l'Empyrée ; mais elles se présentent à Dante dans la planète dont elles ont subi plus spécialement l'influence sur la terre, et la gradation de ces planètes correspond à la hiérarchie des âmes dans l'Empyrée autour du trône de Dieu. Au-dessus de Saturne, le huitième *ciel* ou ciel des étoiles fixes montre indistinctement rassemblées toutes les légions bienheureuses, toute la moisson du Paradis. Enfin, au-dessus de tous les *ciels*, le plus rapide et leur donnant à tous le mouvement qu'il reçoit directement de l'essence divine, le neuvième, appelé Premier Mobile. Il n'a pour ceinture que l'Empyrée, qui enveloppe tout. L'Empyrée, c'est le palais de Dieu et de sa cour, le vrai séjour des élus. Là, autour d'un point fixe et flamboyant, tournent les neuf chœurs des Anges dans une hiérarchie parallèle à celle des neuf *ciels* sensibles. Là les bienheureux, étagés en amphithéâtre, figurent comme une immense rose blanche, se baignent dans la lumière, exultent avec les anges à la source de tout amour et de toute joie.

Purifié de toute souillure en quittant le dernier échelon de la montagne du Purgatoire, Dante se sent élevé sans effort au-dessus des éléments; il fend l'air et le feu comme une âme pure qui suit sans obstacle sa loi d'attraction vers le ciel. Il passe ainsi d'un *ciel* à l'autre au bruit de chants d'amour et de gloire, n'ayant d'autre témoignage de son ascension soudaine que la beauté à chaque fois plus resplendissante de Béatrice. Les âmes viennent au devant de lui, lumières voilées et transparentes, pâles «comme des perles sur un front blanc» ou comme des feux vacillant sous l'albâtre ; plus vives et plus pures à mesure que les sphères s'élèvent, jusqu'à ce qu'au sein de l'Empyrée, lumières dans la lumière, elles fulgurent comme des rubis enchâssés dans l'or. Elles se présentent au poëte, ainsi que nous l'avons dit, dans la planète dont elles ont subi l'influence et dont l'élévation correspond au rang hiérarchique qu'elles occupent dans l'Empyrée. Il y a donc des degrés entre elles ; mais il n'y en a pas dans leur bonheur, car leurs désirs sont conformes à la volonté divine et elles ne peuvent vouloir que ce qu'elles ont. Les yeux tendus sur le centre éternel, sur le miroir qui réfléchit tout, elles y lisent le passé, le présent, l'avenir ; elles y découvrent les secrètes pensées du poëte et lui répondent avant qu'il ait parlé. Au dernier étage du Paradis Béatrice disparaît : elle est allée s'asseoir presque aux pieds de la Vierge Marie, sur le trône qui est le prix de ses vertus. Saint Bernard la remplace. Sous la protection de ce soleil de charité et par l'intercession de la Vierge Mère, il est donné au poëte de pénétrer du regard dans le Point suprême, dans l'Essence divine elle-même; son œil traverse les derniers voiles de l'infini; un éclair de grâce illumine pour lui jusqu'au mystère de la Trinité. Il défaille dans cette inexprimable extase; mais en revenant à lui, il a recueilli le fruit de sa vision et l'amour de Dieu conduit son cœur.

Tel est le plan général de cette dernière *Cantique* de la *Divine Comédie;* ainsi se déroule et se termine, dans son imposante et régulière ordonnance, cette étonnante composition dont le premier acte se joue dans les gouffres de l'Enfer et qui se dénoue dans le sein de Dieu.

Nulle part le génie du poëte ne se manifeste avec plus d'éclat que dans cette dernière partie de son œuvre, moins accessible à tout le monde, j'en conviens. Ce sont des sommets ardus et peu foulés ; mais celui qui prendra la peine de les gravir sera récompensé de sa peine. Sans doute — je ne veux rien dissimuler — les scènes dramatiques, les épisodes intéressants abondent beaucoup moins dans le Paradis que dans le Purgatoire et dans l'Enfer. La théologie y occupe une place immense. Saint Pierre et d'autres apôtres font passer à Dante des examens ès théologie comme à un docteur en Sorbonne. La discussion sur les taches de la Lune, la théorie de la volonté libre, l'explication des mystères de la Rédemption ou de la création angélique, toutes ces controverses, ces thèses, ces argumentations, ces ripostes, tous ces tournois de la logique et de la science plaisent comme expression du temps au lecteur curieux, mais ils fatiguent celui qui cherche avant tout dans un poëme des émotions. Sous ce rapport d'ailleurs, le récit de la souffrance, on l'a souvent observé, nous émeut plus que celui du bonheur ; et nous sommes au Paradis. Ajoutez que dans ce Paradis orthodoxe il n'y a, il ne peut y avoir qu'une seule joie : la vision en Dieu. Toutes les âmes sont des lumières qui expriment leur bonheur par des chants, des tournoiements, des splendeurs. Voilà les seuls éléments dont le poëte théologien pouvait disposer pour fournir une carrière de trente-trois chants. Mais il a la baguette magique, et de ce thème rebelle, de ce dur rocher, il fait à chaque instant jaillir la source fraîche et cette fleur miraculeuse qu'on appelle la poésie. D'admirables beautés de détail fourmillent éparses çà et là au milieu des steppes arides de la scolastique comme les étoiles dans les déserts du ciel. Des comparaisons délicieuses et vraies rappellent la nature dans le royaume surnaturel de l'éternité. De grands personnages, en prenant la parole, y ressuscitent les passions de la vie humaine et remuent l'âme de leur éloquence. C'est l'empereur Justinien qui résume l'histoire romaine en cent vers; c'est saint Thomas qui raconte la vie admirable de saint François d'Assises marié à la Pauvreté; saint Bonaventure qui dit en traits ardents celle de Dominique, « le grand paladin de l'Église, » *a nimici crudo;* c'est Cacciaguida qui peint la paix et les mœurs de l'ancienne Florence et entonne le chant de l'exil :

> Tu lascerai ogni cosa diletta
> Più caramente....

> Il te faudra laisser toute chose chérie
> Et le plus tendrement! En quittant la patrie
> C'est là le premier dard de l'exil ennemi.

> Tu connaîtras alors quel sel amer on goûte
> Au pain de l'étranger, et quelle dure route
> De descendre et monter par l'escalier d'autrui !

Mais par dessus tout ce qui fait la vie et l'animation de ces royaumes de l'éternité, ce sont les passions du poëte qui ne l'abandonnent jamais. Ironique, indigné il trouble la paix du Paradis de ses colères, de ses haines ; il le fait retentir de ses espérances, de ses prédictions, de ses anathèmes. Le ciel le ramène à la terre : chaque glorification est doublée d'une imprécation, d'une vengeance. De la sphère où triomphent les rois justes il maudit les mauvais rois ; du séjour glorieux des pauvres et pieux défenseurs de la foi il maudit les mauvais prêtres. Écoutez saint Pierre, au milieu du ciel qui se couvre d'un nuage de sang, jeter cette foudroyante apostrophe à ses indignes successeurs :

> Quegli ch'usurpa in terra il luogo mio,
> Il luogo mio, il luogo mio, etc.

> Celui qui s'est assis à ma place sur terre,
> A ma place, à ma place ! et pontife adultère,
> Laisse vacant mon siége aux regards du Sauveur,

> Fait de mon cimetière un cloaque de fange,
> Un charnier plein de sang ! Par lui, le mauvais ange
> Tombé du haut du ciel goûte un baume aux enfers !

> Avons-nous, Clet et Lin et moi le premier Pierre
> Nourri de notre sang l'Église notre mère
> Pour la faire servir à recueillir de l'or ?

> Non, c'était pour gagner cette immortelle vie
> Que Calixte et qu'Urbain et que Sixte et que Pie
> Ont répandu leur sang après beaucoup de pleurs.

> Nous n'avons pas voulu que nos successeurs fissent
> Du peuple des Chrétiens deux parts, et qu'ils les missent
> A droite ou bien à gauche, au gré de leurs fureurs ;

> Ni que les clefs du ciel, que Dieu m'a confiées,
> Comme un signe sanglant fussent armoriées
> Sur un drapeau levé contre des baptisés !....

Anathèmes d'autant plus amers dans la bouche du poëte et dont l'effet devait être, est encore d'autant plus puissant que le poëte catholique les prononce au nom de l'Évangile, au nom de sa foi même, et que son génie orgueilleux reste en ses révoltes captif de l'orthodoxie. A côté de ces tempêtes, il y a place pour la tendresse et le sourire. Avec quelle grâce, quelle subtilité d'imagination ravissante il trouve des louanges sans cesse renaissantes pour cette beauté mystique, pour cette Béatrice dont les yeux lui reflètent le ciel, dans les regards de laquelle il croit toucher à chaque instant

Le fond de son bonheur et de son Paradis!

Et quels retours touchants vers la patrie, vers cette Florence si tendrement haïe qui l'a exilé! Au moment où le prince des apôtres, content de lui, le sacre pour le ciel, il revient en pensée «au beau bercail» que la proscription lui a fermé. C'est là qu'il rêve de recevoir un jour une chère couronne, la couronne du poëte, sur les fonts même de son baptême :

Se mai continga che il poema sacro
Al qual han posto mano lo cielo et la terra....

PRÉFACE. XIII

> S'il arrive jamais que ce poëme austère
> Auquel ont mis la main et le ciel et la terre
> Et qui m'a fait maigrir pendant de si longs ans
>
> Désarme la fureur cruelle qui m'exile
> Du beau bercail où je dormis, agneau tranquille,
> Sans autres ennemis que les loups dévorants ;
>
> Avec une autre voix alors, une autre laine,
> Je reviendrai poëte, et là, sur la fontaine
> Où je fus baptisé je ceindrai le laurier !

Assurément, des difficultés, des longueurs, des étrangetés, peuvent déconcerter le lecteur moderne dans tout le cours et surtout dans cette dernière partie de l'œuvre d'Alighieri, Somme poétique du moyen âge. Mais qu'on se souvienne, pour ne pas se laisser rebuter par quelques obstacles, de ce mot de Cacciaguida encourageant Dante à raconter sa terrible vision et qu'on pourrait donner pour épigraphe au poëme :

> Ta voix au premier goût pourra paraître amère ;
> Mais elle laissera, quoique rude et sévère,
> Une fois digérée, un vital aliment !

Que de fruits de toute sorte, en effet, on en peut retirer ! Quand ce ne serait, toute poésie à part, que d'y trouver débattue cette question qui agitait déjà le monde catholique au moyen âge, à savoir si l'épée peut sans danger pour les peuples s'unir au bâton pastoral, le spirituel au temporel; quand ce ne serait que de s'y attendrir déjà aux souffrances et aux efforts de la malheureuse Italie, déchirée à l'intérieur ou envahie par l'étranger, se tournant et se retournant sur le lit de douleur où elle n'a plus trouvé le repos.

En achevant ce travail, j'en adressais dans mon cœur l'humble et ardent hommage à cette noble nation qui, une fois de plus, secouait ses chaînes séculaires, et, avec les encouragements et les secours de la France arrêtée au milieu de son œuvre, arrosait de son sang sa terre esclave. Elle a bien cru, cette fois, comme Dante dans les yeux de Béatrice, toucher le fond de son bonheur et de son Paradis. Sera-t-elle encore trompée? Puisse son infatigable espérance recevoir enfin le prix qui lui est dû! qu'elle atteigne enfin à l'indépendance, et à l'unité! L'unité, c'était déjà le rêve de Dante pour l'Italie, et ne semblet-il pas qu'il ait voulu lui en léguer le modèle, lui en montrer la puissance dans la construction de cette Comédie vraiment « divine », monument impérissable de son génie?

Louis Ratisbonne.

Novembre 1859.

A MON FRÈRE

EDMOND RATISBONNE.

Le Paradis porte bonheur :
Prends celui que je te dédie.
Hélas ! il est d'un traducteur !
Ce n'est qu'un reflet de splendeur
Comme le bonheur dans la vie !

L.-R.

LE PARADIS.

ARGUMENT DU CHANT I.

Invocation. — Béatrice a les yeux fixés au Ciel. Dante a les siens attachés sur Béatrice, et dans cette contemplation, il se sent transfiguré et s'élève avec elle jusqu'au premier Ciel. Il s'émerveille de cette ascension au-dessus de l'air et du feu. Béatrice dissipe son étonnement : libre de toute entrave, c'est-à-dire lavé de toute souillure, il est devenu un être pur, une flamme vive qui monte de la terre au Ciel, aussi naturellement qu'un fleuve qui suit sa pente en descendant d'une montagne.

DEL PARADISO.

CANTO PRIMO.

La gloria di Colui, che tutto muove,
Per l' universo penetra, e risplende
In una parte più, e meno altrove.

Nel Ciel, che più della sua luce prende,
Fu' io, e vidi cose, che ridire
Nè sa, nè può qual di lassù discende;

Perchè appressando sè al suo disire,
Nostro intelletto si profonda tanto,
Che retro la memoria non può ire.

Veramente quant' io del regno santo
Nella mia mente potei far tesoro,
Sarà ora materia del mio canto.

LE PARADIS.

CHANT PREMIER.

La gloire de Celui qui fait mouvoir le monde
Pénètre l'univers, et sa splendeur l'inonde
D'un feu, suivant les lieux, plus vif ou moins ardent.

Dans le Ciel, qui reçoit le plus de sa lumière,
Je fus, et j'ai vu là des choses que sur terre
On ne peut plus redire en en redescendant;

Parce qu'en approchant de son désir sublime,
En telles profondeurs notre intellect s'abîme
Que la mémoire a peine à marcher après lui.

Pourtant ce que j'ai pu, du royaume de gloire,
Emporter de trésors au fond de ma mémoire,
Va faire le sujet de mon chant aujourd'hui.

O buono Apollo, all' ultimo lavoro
Fammi del tuo valor sì fatto vaso,
Come dimanda dar l' amato alloro.

Insino a qui l' un giogo di Parnaso
Assai mi fu: ma or con amendue
M' è uopo entrar nell' aringo rimaso.

Entra nel petto mio, e spira tue,
Sì come quando Marsia traesti
Della vagina delle membra sue.

O divina virtù, sì mi ti presti
Tanto, che l' ombra del beato regno
Segnata nel mio capo io manifesti,

Venir vedràmi al tuo diletto legno,
E coronarmi allor di quelle foglie,
Che la materia e tu mi farai degno.

Sì rade volte, Padre, se ne coglie,
Per trionfare o Cesare o poeta,
(Colpa e vergogna dell' umane voglie)

Che partorir letizia in su la lieta
Delfica deità dovria la fronda
Penea, quando alcun di sè asseta.

CHANT PREMIER.

Apollon ! ô Dieu bon ! pour ce labeur suprême,
Vase d'élection, remplis-moi de toi-même,
Que du laurier chéri je me puisse couvrir !

Jusqu'ici j'eus assez d'un sommet du Parnasse ;
Mais il faut aujourd'hui que par les deux je passe,
Pour fournir le chemin qui me reste à courir.

Entre dans ma poitrine et mets-y ton ivresse,
Inspiré comme au jour où ta main vengeresse
Arracha Marsyas du fourreau de son corps !

Si tu veux m'assister assez, divine flamme !
Pour que de ce beau Ciel gravé dedans mon âme
Je reproduise au moins l'ombre dans mes accords,

Tu me verras venir vers l'arbre qui t'ombrage,
Et couronner alors mon front de ce feuillage
Que j'aurai par mon œuvre et par toi mérité.

Si rarement, ô Père ! en ce monde on en cueille,
Pour en ceindre ou César ou poëte, une feuille.
(Coulpe et honte de notre humaine volonté !)

Que l'arbre Pénéen, sur ton front poétique,
Devrait verser à flots la joie, ô Dieu Delphique !
Lorsqu'il a donné soif à quelque noble cœur.

Poca favilla gran fiamma seconda :
Forse diretro a me con miglior voci
Si pregherà, perchè Cirra risponda.

Surge a' mortali per diverse foci
La lucerna del mondo: ma da quella,
Che quattro cerchi giugne con tre croci,

Con miglior corso, e con migliore stella
Esce congiunta, e la mondana cera
Più a suo modo tempera e suggella.

Fatto avea di là mane, e di qua sera
Tal foce quasi, e tutto era là bianco
Quello emisperio, e l' altra parte nera,

Quando Beatrice in sul sinistro fianco
Vidi rivolta, e riguardar nel Sole:
Aquila sì non gli s' affisse unquanco.

E sì come secondo raggio suole
Uscir del primo, e risalire insuso,
Pur come peregrin, che tornar vuole,

Così dell' atto suo per gli occhi infuso
Nell' immagine mia il mio si fece,
E fissi gli occhi al Sole oltre a nostr' uso.

Une faible étincelle allume un incendie.
Et peut-être après moi, quelque voix plus hardie
Saura mieux de Cirrha mériter la faveur (1).

— Le soleil, ce fanal levé sur notre terre,
Surgit à divers points de la céleste sphère ;
Mais du point où l'on voit quatre orbes et trois croix (2)

Quand il part, il fournit sa course souveraine
Sous un astre plus doux (3), et la cire mondaine
A son gré s'amollit et subit mieux ses lois.

De ces portes du Ciel se levait la lumière,
D'une blanche clarté couvrant cet hémisphère
Et sur l'autre laissant la nuit et le sommeil (4),

Quand je vis Béatrice à gauche retournée
Regarder fixement la nue illuminée.
Jamais un aigle ainsi n'a bravé le soleil !

Et tel sort d'un premier rayon de la lumière
Un rayon de reflet qui remonte en arrière,
Tout comme un voyageur revenant au foyer,

Ainsi le mouvement si hardi de ma Dame
Se fit mien, s'infusant par mes yeux dans mon âme,
Et je pus voir aussi le Soleil flamboyer.

1.

Molto è licito là, che qui non lece
Alle nostre virtù, mercè del loco
Fatto per proprio dell' umana spece.

Io nol soffersi molto, nè si poco,
Ch' io nol vedessi sfavillar dintorno,
Qual ferro, che bollente esce del fuoco.

E di subito parve giorno a giorno
Essere aggiunto, come quei, che puote,
Avesse 'l ciel d'un altro Sole adorno.

Beatrice tutta nell' eterne ruote
Fissa con gli occhi stava, ed io in lei
Le luci fisse, di lassù remote,

Nel suo aspetto tal dentro mi fei,
Qual si fe' Glauco nel gustar dell' erba,
Che 'l fe' consorto in mar degli altri Dei.

Trasumanar significar *per verba*
Non si poria: però l' esemplo basti
A cui esperïenza grazia serba.

S' io era sol di me quel che creasti
Novellamente, Amor, che 'l Ciel governi,
Tu 'l sai, che col tuo lume mi levasti.

Bien des choses nous sont ici-bas impossibles
Qui se peuvent là-haut, et nous sont accessibles
Dans le séjour d'Eden fait pour l'homme par Dieu.

Je ne pus soutenir longtemps le jour en face,
Mais assez pour le voir irradier l'espace,
Rouge comme le fer qui sort bouillant du feu.

Et soudain je crus voir un autre jour paraître
A côté du premier, comme si le grand Maître
Eût d'un autre soleil orné le firmament.

Béatrice tenait sur la sphère éternelle
Ses yeux fixés, et moi, pour ne regarder qu'elle,
Je délivrai les miens de l'éblouissement.

Or, en la contemplant tout mon être se change.
Tel, dans la mer, Glaucus, goûtant d'une herbe étrange,
Devint semblable aux Dieux et comme eux immortel.

Dire *per verba* comme on se transhumanise,
Ne se pourrait : ainsi que l'exemple suffise
A qui l'éprouvera par la grâce du Ciel.

Amour, qui m'exaltais! des Cieux Maître suprême!
Tu sais ce qui restait encore de moi-même
Dans mon être nouveau qu'élevaient tes rayons!

Quando la ruota, che tu sempiterni
Desiderato, a sè mi fece atteso
Con l'armonia, che temperi e discerni,

Parvemi tanto allor del Cielo acceso
Dalla fiamma del Sol, che pioggia o fiume
Lago non fece mai tanto disteso.

La novità del suono, e 'l grande lume
Di lor cagion m'accesero un disio
Mai non sentito di cotanto acume.

Ond'ella, che vedea me sì com'io,
Ad acquetarmi l'animo commosso,
Pria ch'io a dimandar, la bocca aprio:

E cominciò: Tu stesso ti fai grosso
Col falso immaginar, sì che non vedi
Ciò che vedresti, se l'avessi scosso.

Tu non se' in terra, sì come tu credi:
Ma folgore, fuggendo 'l proprio sito,
Non corse come tu, ch'ad esso riedi.

S'i' fui del primo dubbio disvestito,
Per le sorrise parolette brevi:
Dentro a un nuovo più fui irretito:

Quand je fus captivé par cette immense ronde
Que tu mènes, au chant de ces orbes du monde
Dont l'éternel désir conduit les tourbillons,

Il me sembla qu'alors, sous le soleil intense,
S'allumait tout à coup un pan du Ciel immense;
Pluie et fleuves jamais n'ont fait un lac si grand.

Ces sons, cette lumière, à mes regards nouvelle,
Allumèrent en moi curiosité telle
Qu'oncque je n'en sentis d'aiguillon si brûlant.

Mais voyant dans mon cœur ainsi que moi, ma Dame
Pour calmer sur le champ le trouble de mon âme,
Ouvrant la bouche avant de m'avoir entendu :

« Ton imagination t'égare, me dit-elle,
Et son voile obscurcit ta raison naturelle;
Ce que tu ne vois pas, sans lui, tu l'aurais vu.

Ainsi que tu le crois tu n'es plus sur la terre.
Moins rapide est l'éclair, moins soudain le tonnerre
Pour descendre du Ciel que toi pour y monter. »

A ces mots brefs auxquels un sourire s'ajoute,
Si je fus délivré d'abord d'un premier doute,
Je me sentis d'un autre encor plus tourmenter.

E dissi: Già contento requïevi
Di grande ammirazion: ma ora ammiro
Com' io trascenda questi corpi lievi.

Ond' ella, appresso d' un pio sospiro,
Gli occhi drizzò ver me con quel sembiante,
Che madre fa sopra figliuol deliro:

E cominciò: Le cose tutte quante
Hann' ordine tra loro; e questo è forma,
Che l' universo a Dio fa simigliante.

Qui veggion l' alte creature l' orma
Dell' eterno valore, il quale è fine,
Al quale è fatta la toccata norma.

Nell' ordine, ch' io dico, sono accline
Tutte nature per diverse sorti,
Più al principio loro, e men vicine:

Onde si muovono a diversi porti
Per lo gran mar dell' essere, e ciascuna
Con instinto a lei dato, che la porti.

Questi ne porta il fuoco inver la Luna:
Questi ne' cuor mortali è promotore:
Questi la terra in sè stringe ed aduna.

«Un grand étonnement s'apaise en moi, lui dis-je;
Mais un autre me vient au cœur : par quel prodige
Ces éléments légers, les vais-je dépassant? »

Elle exhale un pieux soupir et me regarde
De ce tendre regard, de ce regard que darde
Une mère au chevet de son fils délirant;

Et puis elle me dit : « Tout a dans la nature
Son ordre et son rapport; cet ordre est la figure
Qui fait que l'univers ressemble au Créateur.

Dans cet ordre éternel l'humaine intelligence
A reconnu le sceau de la Toute-Puissance,
Laquelle en est ensemble et la fin et l'auteur.

A l'ordre que je dis toute nature incline,
Chacune de sa source ou plus ou moins voisine,
Suivant le sort divers qu'en lot elle reçut.

Vers des ports différents, par différentes routes,
Sur l'océan de l'être elles s'élancent toutes;
Dieu leur donne l'instinct qui les porte à leur but.

Vers la Lune c'est Lui qui fait monter la flamme.
En sens divers c'est Lui qui fait mouvoir chaque âme,
Lui qui condense en bloc le terrestre séjour.

Nè pur le creature, che son fuore
D' intelligenzia, quest' arco saetta,
Ma quelle, ch' hanno intelletto ed amore.

La Providenzia, che cotanto assetta,
Del suo lume fa 'l Ciel sempre quieto,
Nel qual si volge quel, c' ha maggior fretta:

Ed ora lì, com' a sito decreto,
Cen' porta la virtù di quella corda,
Che ciò che scocca, drizza in segno lieto.

Ver' è che come forma non s' accorda
Molte fïate alla 'ntenzion dell' arte,
Perch' a risponder la materia è sorda;

Così da questo corso si diparte
Talor la creatura, ch' ha podere
Di piegar, così pinta, in altra parte.

(E sì come veder si può cadere
Fuoco di nube), se l' impeto primo
A terra è torto da falso piacere:

Non déi più ammirar, se bene stimo,
Lo tuo salir, se non come d' un rivo,
Se d' alto monte scende giuso ad imo.

Ce n'est pas seulement la brute inconsciente
Qu'il pousse, comme un arc la flèche obéissante,
Mais les êtres doués de raison et d'amour.

Ordonnant le grand tout, la Providence crée
L'éternelle lumière au paisible Empyrée,
Où roule un premier Ciel, de tous le plus léger (5).

Et c'est là, comme au terme, où Dieu veut qu'on arrive,
Que nous pousse à présent cette corde instinctive,
Qui vers un but heureux aime à tout diriger.

Mais comme, bien souvent, dans les mains de l'artiste,
Pour ce que la matière obtuse lui résiste,
La forme répond mal au saint désir de l'art,

Ainsi de ce chemin parfois la créature
S'écarte, qui, poussée au bien par la nature,
A pourtant le pouvoir d'incliner d'autre part,

Et choit comme le feu qui tombe d'un nuage,
Si son premier élan, par quelque faux mirage,
Vers la terre soudain du Ciel est détourné.

Tu montes sans effort à la sphère étoilée
Comme un fleuve descend du mont dans la vallée,
Et tu n'as plus, je crois, lieu d'en être étonné.

Maraviglia sarebbe in te, se privo
D' impedimento giù ti fossi assiso,
Com' a terra quïeto fuoco vivo.

Quinci rivolse in ver lo Cielo il viso.

Il serait merveilleux qu'exempt de tout obstacle,
Tu ne montasses pas; là serait le miracle.
Le feu vif ne dort pas sur terre : il monte aux Cieux! »

Lors elle releva vers le Ciel ses beaux yeux.

NOTES DU CHANT I.

(1) Cirrha prise ici pour Apollon. Cirrha était une ville située près du mont Parnasse.

(2) C'est-à-dire du point où se réunissent et s'intersectat quatre cercles célestes, à savoir : l'horizon, le zodiaque, l'équteur et le colure d'équinoxe, de manière à former trois croi.

(3) Le Bélier, constellation du printemps.

(4) Dans l'hémisphère où j'étais alors le jour naissait; das celui où j'écris la nuit tombait. Dante était au sommet de la montagne du Purgatoire, située aux antipodes.

(5) Ce premier Ciel au-dessous de l'Empyrée est celui qe les anciens appelaient le *premier Mobile*, c'est-à-dire le pls élevé des cercles concentriques dont, suivant eux, l'univrs était formé, et qui tournait par conséquent le plus rapidemet.

ARGUMENT DU CHANT II.

Dante monte avec Béatrice dans le Ciel de la Lune. Il demande la cause des taches qu'on aperçoit dans cette planète. Béatrice lui démontre que ce n'est point, comme il le croit, par l'effet de la matière disposée en couches ou plus rares ou plus denses. C'est une vertu intrinsèque propre à chaque planète, qui brille à travers chacune d'elles comme la joie à travers la prunelle des yeux, et, selon qu'elle est plus forte ou plus faible, produit la lumière ou l'ombre.

CANTO SECONDO.

O voi, che siete in piccioletta barca,
Desiderosi d' ascoltar, seguiti
Dietro al mio legno che cantando varca,

Tornate a riveder li vostri liti:
Non vi mettete in pelago, che forse
Perdendo me, rimarreste smarriti.

L' acqua, ch' io prendo, giammai non si corse:
Minerva spira, e conducemi Apollo,
E nuove Muse mi dimostran l' Orse.

Voi altri pochi, che drizzaste 'l collo
Per tempo al pan degli Angeli, del quale
Vivesi qui, ma non si vien satollo:

CHANT DEUXIÈME.

O vous tous qui, montés sur de frêles nacelles,
Désireux de m'entendre et jusqu'ici fidèles,
Avez suivi ma nef qui s'avance en chantant,

Revirez pour revoir le bord qui vous vit naître!
Ne vous hasardez pas sur l'océan : peut-être
Vous seriez égarés bientôt en me perdant.

Jamais on ne courut la mer dont je m'empare.
Minerve enfle ma voile, Apollon tient la barre,
Les neuf Sœurs m'ont montré le pôle de la main.

Mais vous, rares esprits, qui des terrestres fanges
Tenez le cou levé vers la manne des Anges,
Pain dont on mange ici, mais jamais à sa faim,

Metter potete ben per l' alto sale
Vostro naviglio, servando mio solco
Dinanzi all' acqua, che ritorna eguale.

Que' gloriosi, che passaro a Colco,
Non s' ammiraron, come voi farete,
Quando Jason vider fatto bifolco.

La concreata e perpetua sete
Del deiforme regno cen' portava
Veloci quasi, come 'l Ciel vedete.

Beatrice in suso, ed io in lei guardava:
E forse in tanto, in quanto un quadrel posa,
E vola, e dalla noce si dischiava,

Giunto mi vidi, ove mirabil cosa
Mi torse 'l viso a sè: e però quella,
Cui non potea mia ovra essere ascosa,

Volta ver me si lieta, come bella.
Drizza la mente in Dio grata, mi disse,
Che n' ha congiunti con la prima stella.

Pareva a me, che nube ne coprisse
Lucida, spessa, solida e pulita,
Quasi adamante che lo Sol ferisse.

Mettez votre navire à la mer, sur ma trace,
En suivant mon sillage avant qu'il ne s'efface,
Et que l'eau se fermant n'ait repris son niveau !

Ces héros qui jadis à Colchos abordèrent,
Moins que vous ne ferez, bien moins s'émerveillèrent
Quand ils virent Jason qui domptait le taureau.

La soif perpétuelle et créée avec l'âme,
La soif du Paradis nous emportait, ma Dame
Et moi, d'une vitesse égale au Ciel tournant ;

Béatrix regardait le Ciel, moi Béatrice.
Peut-être en moins de temps que de la corde lisse
L'arc n'en met à darder le trait qui va volant,

Je parvins en des lieux où chose merveilleuse
Me fit tourner la tête, et l'âme glorieuse
Dont je ne pouvais pas tromper les yeux bénis,

Se tournant devers moi, joyeuse autant que belle :
« Élève à Dieu ton cœur reconnaissant, dit-elle ;
A la première étoile il nous a réunis. »

Il semblait que sur nous s'étendait un nuage
Solide, uni, brillant, offrant quasi l'image
D'un diamant frappé par les feux du soleil.

Certo non ti dovrien pungergli strali
D' ammirazione omai: poi dietro a' sensi
Vedi, che la ragione ha corte l' ali.

Ma dimmi quel, che tu da te ne pensi.
Ed io: Ciò che n' appar quassù diverso,
Credo che 'l fanno i corpi rari e densi.

Ed alla: Certo assai vedrai sommerso
Ne falso il creder tuo, se bene ascolti
L' argomentar, ch' io gli farò avverso.

La spera ottava vi dimostra molti
Lumi, li quali e nel quale, e nel quanto
Notar si posson di diversi volti.

Se raro e denso ciò facesser tanto,
Una sola virtù sarebbe in tutti
Più e men distributa, ed altrettanto.

Virtù diverse esser convegnon frutti
Di principii formali, e quei, fuor ch' uno,
Seguiterieno a tua ragion distrutti.

Ancor se raro fosse di quel bruno
Cagion, che tu dimandi, od oltre in parte,
Fora di sua materia sì digiuno

D'aucun étonnement ne devrait par la suite
Te frapper, car tu vois, quand ils nous font conduite,
Ces sens, comme est borné le vol de la raison.

Mais en premier dis-moi ce que toi-même penses. »
«Je crois que c'est l'effet des corps rares et denses,
Produisant, ceux-ci l'ombre, et ceux-là le rayon. »

Elle alors : « Tu vas voir clairement tout à l'heure
De quelle illusion ton jugement se leurre.
Ecoute bien ce que j'oppose à ton erreur.

Les astres qu'on voit luire en la huitième sphère
Sont nombreux, et chacun de ces porte-lumière
Diffère d'étendue ainsi que de splendeur.

Si c'était que l'effet et du rare et du dense,
Il faudrait dire alors que plus ou moins intense
Il n'est qu'une vertu, la même pour chacun.

Les diverses vertus sont une conséquence
Des principes formels, qui, de toute évidence,
Seraient, dans l'hypothèse, anéantis hors un.

En outre, si du corps plus rare de la lune
Ces taches procédaient, lors, de deux choses l'une :
Ou bien l'astre offrirait des points percés à jour,

Esto pianeta, o sì come comparte
Lo grasso e 'l magro un corpo, così questo,
Nel suo volume cangerebbe carte.

Se 'l primo fosse, fora manifesto
Nell' eclissi del Sol, per trasparere
Lo lume, come in altro raro ingesto.

Questo non è: però è da vedere
Dell' altro: e s' egli avvien, ch' io l' altro cassi,
Falsificato fia lo tuo parere.

S' egli è, che questo raro non trapassi,
Esser conviene un termine, da onde
Lo suo contrario più passar non lassi:

E indi l' altrui raggio si rifonde
Così, come color torna per vetro,
Lo qual diretro a sè piombo nasconde.

Or dirai tu, ch' el si dimostra tetro
Quivi lo raggio più che in altre parti,
Per esser li rifratto più a retro.

Da questa instanzia può diliberarti
Esperienza, se giammai la pruovi,
Ch' esser suol fonte a' rivi di vostre arti.

Ou bien comme en un corps se suivent de coutume
Et le maigre et le gras, ainsi de son volume
Cet astre changerait les pages tour à tour.

Or, dans le premier cas, le fait serait sensible
En temps d'éclipse : alors la lumière visible
Traverserait ce corps comme tout corps disjoint.

Cela n'est point. Or donc, voyons l'autre hypothèse ;
Et s'il advient aussi qu'à rien je te la pèse,
Ta conjecture alors sera fausse en tout point.

Si ce rare n'est pas un vide qui traverse,
Il est un point précis où, plus dense à l'inverse,
La matière refuse un passage au rayon,

Et d'où le rays revient sur lui-même en arrière,
Ainsi que la couleur réfléchie en un verre
Que l'on a revêtu par derrière de plomb.

Or tu diras sans doute, en soutenant ta glose,
Qu'il semble en cet endroit plus sombre par la cause
Que plus loin en arrière il va se réfracter ?

De cette *instance* (2) là que trouve ta science ;
La fontaine de tous vos arts, l'Expérience
Peut te débarrasser ; tu n'as qu'à la tenter.

Tre specchi prenderai, e due rimuovi
Da te d'un modo, e l'altro più rimosso
Tr'ambo li primi gli occhi tuoi ritruovi:

Rivolto ad essi fa, che dopo 'l dosso
Ti stea un lume, che i tre specchi accenda,
E torni a te da tutti ripercosso:

Benchè nel quanto tanto non si stenda
La vista più lontana, li vedrai
Come convien, ch' egualmente risplenda.

Or come ai colpi degli caldi rai
Della neve riman nudo 'l suggetto,
E dal colore, e dal freddo primai;

Così rimaso, te nello 'ntelletto
Voglio informar di luce sì vivace,
Che ti tremolerà nel suo aspetto.

Dentro dal Ciel della divina pace
Si gira un corpo, nella cui virtute
L'esser di tutto suo contento giace.

Lo Ciel seguente, ch' ha tante vedute,
Quell' esser parte per diverse essenze
Da lui distinte, e da lui contenute.

Prends trois miroirs : mets en deux à distance égale
De toi, puis le troisième à plus grand intervalle,
Entre les deux premiers, et toi fais face aux trois.

Et tiens les yeux sur eux tandis qu'un luminaire,
Placé derrière toi, tous les trois les éclaire,
Répercuté vers toi par eux tous à la fois.

Encor bien qu'au miroir le plus loin de ta vue
La lumière paraisse avoir moins d'étendue,
Tu verras là pourtant une égale splendeur.

Or ça, comme aux rayons du soleil qui la dore
La neige lentement se fond et s'évapore,
En perdant sa couleur première et sa froideur :

Ainsi dans ton esprit dégagé de tous voiles
Je vais faire briller de si vives étoiles
Qu'à leur premier aspect s'illuminent tes yeux.

Dans le suprême Ciel de la paix éternelle
Se meut un premier corps (3), dont la vertu récèle
De tout ce qu'il contient l'être mystérieux.

Le Ciel inférieur, aux prunelles immenses (4),
Fait des parts de cet être en diverses essences,
Qui, distinctes de lui, restent dans son pourtour.

Gli altri giron per varie differenze
Le distinzion, che dentro da sè hanno,
Dispongono a lor fini, e lor semenze.

Questi organi del mondo così vanno,
Come tu vedi omai, di grado in grado,
Che di su prendono, e di sotto fanno.

Riguarda bene a me sì com' io vado
Per questo loco al ver, che tu disiri,
Sì che poi sappi sol tener lo guado.

Lo moto è la virtù de' santi giri,
Come dal fabbro l' arte del martello,
Da' beati motor convien che spiri.

E 'l Ciel, cui tanti lumi fanno bello,
Dalla mente profonda, che lui volve,
Prende l' image, e fassene suggello.

E come l' alma dentro a vostra polve,
Per differenti membra, e conformate
A diverse potenzie, si risolve;

Così l' intelligenzia sua bontate
Multiplicata per le stelle, spiega,
Girando sè, sovra sua unitate.

Les autres Cieux (5), suivant diverses influences,
Font naître de leur sein chacun d'autres substances,
Lesquelles sont effets et causes tour à tour.

Ainsi vont, tu le vois, dans la machine ronde,
Descendant par degré, ces organes du monde.
Ils reçoivent d'en haut et transmettent en bas.

Or considère bien comment par cette route
J'arrive au vrai, l'objet de ton désir. Écoute :
Seul après dans le gué, sans moi, tu marcheras.

Le mouvement des Cieux tournant dans l'étendue,
Aux moteurs bienheureux il faut qu'on l'attribue,
Ainsi qu'au forgeron l'ouvrage du marteau.

Le Ciel, dont tant de feux font resplendir la face (6),
Du souverain Esprit, qui le meut dans l'espace,
Prend l'image, et l'imprime à son tour comme un sceau.

Et comme l'âme, au sein de l'humaine poussière,
En des membres divers, sans cesser d'être entière,
Se partage, imprimant à chacun sa bonté ;

Ainsi l'Intelligence, admirable en ses voiles,
Imprime sa bonté sur des millions d'étoiles,
Sans cesser de tourner sur sa propre unité.

Virtù diversa fa diversa lega
Col prezïoso corpo, che l'avviva,
Nel qual, sì come vita in voi, si lega.

Per la natura lieta, onde deriva,
La virtù mista per lo corpo luce,
Come letizia per pupilla viva.

Da essa vien ciò, che da luce a luce
Par differente, non da denso e raro:
Essa è formal principio, che produce,

Conforme a sua bontà, lo turbo, e 'l chiaro.

Chaque vertu de Dieu diversement s'allie
A chaque astre du Ciel, et, comme à vous la vie,
A ces corps précieux qu'elle anime, s'unit.

Et d'un être joyeux parce qu'elle dérive,
Ainsi que dans nos yeux brille la gaîté vive,
La vertu dans ces corps infuse resplendit.

D'une lumière à l'autre ainsi la différence
Vient de cette vertu, non du rare et du dense.
Plus ou moins forte, elle est le principe formel

Qui produit ou le sombre ou le clair dans le Ciel (7).

NOTES DU CHANT II.

(1) Allusion à la superstition dont il a été question déjà au chant XX de l'*Enfer*, et qui faisait voir au peuple, dans les taches de la lune, Caïn portant un fagot d'épines. Au lieu de « conter je ne sais quoi » pour rendre *favoleggiare*, ce serait le cas, en traduisant à la façon de Scarron, de dire « conter des fagots. »

(2) Terme d'école pour signifier une réplique.

(3) Le premier Mobile au-dessous de l'Empyrée.

(4) Le Ciel des étoiles fixes.

(5) Les sept Cieux inférieurs : Saturne, Jupiter, Mars, le Soleil, Vénus et la Lune.

(6) L'Empyrée.

(7) Dans le *Paradis perdu*, Milton a donné une autre explication purement physique des taches de la lune. Celle de Dante, moins scientifique, est plus originale, plus hardie et plus poétique. Je conviens qu'elle n'est pas d'une clarté absolue et que les explications de Béatrice produisent aussi des taches dans tout le chant. Je l'ai traduit pourtant avec la plus scrupuleuse exactitude, et, avec un peu d'attention, il se laisse comprendre. Dante d'ailleurs nous en a prévenus. Que ceux qui ne se sentent pas le courage de le suivre au milieu d'inévitables nuages à la conquête d'un monde nouveau et d'admirables beautés, ramènent leur navire au rivage !

ARGUMENT DU CHANT III.

Des âmes s'offrent à Dante dans le cercle de la Lune. Il reconnaît Piccarda. Il apprend par elle que la Lune est le séjour des âmes qui ont fait vœu de chasteté, mais qui ont été violemment arrachées à leurs vœux religieux. Elle lui prouve que, bien qu'il y ait différentes sphères dans le Ciel, tous les bienheureux sont amplement satisfaits du rang qui leur est assigné dans l'échelle céleste, et ne désirent rien de plus que ce qu'ils ont.

CANTO TERZO.

Quel Sol, che pria d' amor mi scaldò 'l petto,
Di bella verità m' avea scoverto,
Provando, e riprovando il dolce aspetto:

Ed io, per confessar corretto e certo
Me stesso tanto, quanto si convenne
Levai lo capo a profferer più erto.

Ma visione apparve, che ritenne
A sè me tanto stretto, per vedersi,
Che di mia confession non mi sovvenne.

Quali per vetri trasparenti e tersi,
O ver per acque nitide e tranquille
Non sì profonde, che i fondi sien persi,

CHANT TROISIÈME.

Ce soleil qui d'amour m'embrasait la poitrine,
Ainsi me découvrit la vérité divine,
Prouvant son dire ensemble et rétorquant le mien.

Et moi, pour confesser l'erreur de ma science
Et pour me déclarer vaincu par l'évidence,
J'avais levé plus haut mon front devers le sien,

Quand une vision toute surnaturelle
M'apparut, et si fort me tint fixé sur elle
Qu'il ne me souvint plus d'avouer mon erreur.

Ainsi qu'en un cristal transparent et limpide,
Ou dans le pur miroir d'un lac, cristal humide,
Dont on sonde, à fleur d'eau, la claire profondeur,

Tornan de' nostri visi le postille
Debili sì, che perla in bianca fronte
Non vien men tosto alle nostre pupille:

Tal vid' io più facce a parlar pronte:
Perch' io dentro all' error contrario corsi
A quel, ch' accese amor tra l' uomo e 'l fonte.

Subito, sì com' io di lor m' accorsi,
Quelle stimando specchiati sembianti,
Per veder di cui fosser, gli occhi torsi,

E nulla vidi, e ritorsili avanti
Dritti nel lume della dolce guida,
Che sorridendo ardea negli occhi santi.

Non ti maravigliar, perch' io sorrida,
Mi disse, appresso 'l tuo pueril quoto,
Poi sopra 'l vero ancor lo piè non fida,

Ma te rivolve, come suole, a voto;
Vere sustanzie son, ciò che tu vedi,
Qui rilegate per manco di vóto.

Però parla con esse, e odi e credi,
Che la verace luce, che le appaga,
Da sè non lascia lor torcer li piedi.

Nous voyons notre image à ce point effacée
Qu'au milieu d'un front blanc une perle placée
Se détache plus vite en l'éclat de la peau :

Tels devant moi je vis différents personnages
Prêts à parler. Je fus trompé par ces visages
Au rebours de Narcisse amoureux d'un ruisseau (1).

D'abord que je les vis, et les ayant en face,
Croyant apercevoir leurs traits dans une glace,
Je me tournai pour voir à qui ces traits étaient.

Mais je ne vis personne, et revins la prunelle
En avant, aux rayons de ma garde fidèle.
Elle était souriante et ses yeux saints ardaient.

« Ne t'émerveille pas en me voyant sourire,
Me dit-elle ; je ris, enfant, de ton délire ;
Ton pied au vrai chemin s'est affermi bien peu.

Tu t'escrimes encore à vide et tu chancelles.
Ce que tu vois ce sont des substances réelles
Que Dieu relègue ici pour rupture de vœu.

Parle-leur, entends-les et crois ce qu'elles disent :
Car des clartés du vrai qui sur elles reluisent
Elles ne peuvent pas s'écarter un moment. »

Ed io all' ombra, che parea più vaga
Di ragionar, drizzaimi, e cominciai,
Quasi com' uom, cui troppa voglia smaga,

O ben creato spirito, che a' rai
Di vita eterna la dolcezza senti,
Che non gustata non s' intende mai;

Grazïoso mi fia, se mi contenti
Del nome tuo, e della vostra sorte;
Ond' ella pronta e con occhi ridenti:

La nostra carità non serra porte
A giusta voglia, se non come quella,
Che vuol simile a sè tutta sua corte.

Io fui nel mondo vergine sorella:
E se la mente tua ben si riguarda,
Non mi ti celerà l' esser più bella,

Ma riconoscerai, ch' io son Piccarda,
Che posta qui con questi altri beati,
Beata son nella spera più tarda.

Li nostri affetti, che solo infiammati
Son nel piacer dello Spirito Santo,
Letizian, del su' ordine formati:

Vers l'ombre qui semblait avoir meilleure envie
De parler, je me tourne alors et balbutie
Comme un homme troublé par trop d'empressement :

« Toi qui sous les rayons de l'éternelle vie,
Esprit élu ! ressens la douceur infinie
Que l'on ne peut comprendre à moins de la goûter,

Je te saurais bon gré si tu voulais m'apprendre
Et ton nom et le sort que vous fit un Dieu tendre ? »
Elle, d'un œil riant, prompte à me contenter :

« Notre charité doit se conformer à celle (2)
Qui veut qu'on lui ressemble en sa cour, me dit-elle ;
A tout juste désir il faut ouvrir les bras.

Je fus une sœur vierge autrefois sur la terre.
Et si tu cherches bien dans tes souvenirs, frère !
Sous mes traits embellis tu me reconnaîtras.

Tes yeux plus attentifs reconnaîtront Piccarde (3).
Dans ce Ciel, dont le cours sur les autres retarde,
Je suis heureuse avec ces autres bienheureux.

L'ardeur du Saint-Esprit est notre seule flamme ;
Le désir de lui plaire échauffe seul notre âme,
Et, profès dans son ordre, il nous rend tous joyeux.

E questa sorte, che par giù cotanto,
Però n' è data, perchè fur negletti
Li nostri voti, e vôti in alcun canto.

Ond' io a lei: Ne' mirabili aspetti
Vostri risplende non so che divino,
Che vi trasmuta da' primi concetti:

Però non fui a rimembrar festino;
Ma or m' aiuta ciò, che tu mi dici,
Sì che raffigurar m' è più latino.

Ma dimmi: voi, che siete qui felici,
Desiderate voi più alto loco,
Per più vedere, o per più farvi amici?

Con quell' altre' ombre pria sorrise un poco:
Da indi mi rispose tanto lieta,
Ch' arder parea d' amor nel primo foco;

Frate, la nostra volontà quieta
Virtù di carità, che fa volerne
Sol quel, ch' avemo, e d' altro non ci asseta.

Se disiassimo esser più superne,
Foran discordi gli nostri disiri
Dal voler di Colui, che qui ne cerne:

Et si ce Ciel, le moindre, en bas digne d'envie,
Nous fut donné, c'est que nos saints vœux dans la vie
Ont été négligés en partie ou rompus. »

Et moi je répondis : « Je ne sais quoi d'étrange,
De divin, resplendit sur vos fronts, qui vous change
Et transforme vos traits qu'on ne reconnaît plus.

C'est pourquoi je n'eus pas très-prompte souvenance ;
Mais sans peine à présent, avec ton assistance,
Je reconstruis les traits dans mon cœur imprimés.

Mais dis-moi, quoique heureux dans ce séjour prospère,
Ne désirez-vous pas une plus haute sphère,
Ou pour voir davantage ou pour plus être aimés ? »

L'ombre échangea d'abord avec sa suite heureuse
Un sourire léger, puis toute radieuse,
Comme brûlant d'amour au foyer de tout bien :

« De par la charité le cœur en paix repose ;
On veut ce que l'on a, frère ! pas autre chose.
Hors ce que nous avons, nous ne souhaitons rien.

Si nos désirs allaient plus haut, à l'instant même
Nos désirs lutteraient avec l'Être suprême
Qui nous parque en ce lieu de par sa volonté.

Che vedrai non capere in questi giri,
S' essere in caritate è qui necesse,
E se la sua natura ben rimiri:

Anzi è formale ad esto beato esse
Tenersi dentro alla divina voglia,
Perch' una fansi nostre voglie stesse.

Sì che come noi sem di soglia in soglia
Per questo regno, a tutto il regno piace,
Com' allo Re, ch' a suo voler ne 'nvoglia:

In la sua volontade è nostra pace:
Ella è quel mare, al qual tutto si muove
Ciò, ch' ella cria, e che natura face.

Chiaro mi fu allor, com' ogni dove
In Cielo è Paradiso, *etsi* la grazia
Del sommo Ben d' un modo non vi piove.

Ma sì com' egli avvien, s' un cibo sazia,
E d' un altro rimane ancor la gola,
Che quel si chiere, e di quel si ringrazia;

Così fec' io con atto e con parola,
Per apprender da lei qual fu la tela,
Onde non trasse insino al cò la spola.

Lutte impossible au sein de ce haut sanctuaire,
Si la charité là c'est l'état nécessaire,
Et si tu conçois bien ce qu'est la charité.

De la béatitude aussi bien c'est l'essence
De conformer ses vœux à la Toute-Puissance.
Les nôtres ne font qu'un avec sa sainte loi.

Dans ce royaume ainsi, semés de plage en plage,
Tous nos désirs sont ceux du Maître, et le partage
Plaît à tout le royaume aussi bien qu'à son Roi.

C'est dans sa volonté que notre paix habite :
Elle est cet océan vers qui se précipite
Tout ce que la nature a tiré de son sein. »

Je compris clairement lors comment toute place
Au Ciel est Paradis, encore que la Grâce
N'y fasse pas pleuvoir un seul mode de bien.

Mais ainsi qu'il advient qu'un mets nous rassasie
Lorsque d'un autre encore il nous reste l'envie,
Et qu'en demandant l'un, pour l'autre on dit merci,

Ainsi fis-je à l'esprit de la main et du geste
Pour savoir quelle fut cette toile céleste
Que ne put sa navette achever qu'à demi (4).

Pefetta vita ed alto merto inciela
Donna più su, mi disse, alla cui norma
Nel vostro mondo giù si veste, e vela;

Perchè 'n fino al morir si vegghi, e dorma
Con quello sposo, ch' ogni voto accetta,
Che caritate, a suo piacer, conforma.

Dal mondo, per seguirla, giovinetta,
Fuggimmi, e nel su' abito mi chiusi,
E promisi la via della sua setta.

Uomini poi a mal, più ch' a bene usi,
Fuor mi rapiron della dolce chiostra:
Dio lo si sa; qual poi mia vita fusi.

È quest' altro splendor, che ti si mostra
Dalla mia destra parte, e che s' accende
Di tutto 'l lume della spera nostra,

Ciò ch' io dico di me, di sè intende:
Sorella fu, e così le fu tolta
Di capo l' ombra delle sacre bende.

Ma poi che pur al mondo fu rivolta
Contra suo grado, e contra buona usanza,
Non fu dal vel del cuor giammai disciolta.

CHANT III.

« Une vie exemplaire, un éminent mérite
Ont placé dans le Ciel, où plus haut elle habite,
Une sœur dont on prend les voiles aujourd'hui (5),

Pour veiller, pour dormir, jusqu'à ce que l'on meure,
Avec l'époux divin qui reçoit à toute heure
Tout vœu de charité fait pour l'amour de lui.

Toute jeune je fuis du monde pour la suivre;
Je m'enfermai dans son habit, jurant d'y vivre
Et de marcher fidèle à son ordre, à jamais.

Mais des mains d'homme, au mal plus qu'au bien familières,
M'arrachèrent au cloître, à mes douces prières;
Dieu sait comment mes jours coulèrent désormais!

Et cette autre splendeur à ma droite, qui brille
Et semble resplendir, si fort elle scintille,
De l'éclat le plus vif de notre Ciel profond,

Ce que je dis de moi, d'elle-même le pense.
Elle fut sœur aussi; par même violence
L'ombre des saints bandeaux fut ravie à son front.

Mais revenue au monde avecques déplaisance,
Le monde répugnant à sa pieuse usance,
Elle garda du moins le voile sur son cœur.

Quest' è la luce della gran Gostanza,
Che del secondo vento di Soave
Generò 'l terzo, e l' ultima possanza.

Così parlommi: e poi cominciò AVE,
MARIA, cantando; e cantando vanio,
Come per acqua cupa cosa grave.

La vista mia, che tanto la seguio,
Quanto possibil fu, poi che la perse,
Volsesi al segno di maggior disio,

Ed a Beatrice tutta si converse:
Ma quella folgorò nello mio sguardo
Sì, che da prima il viso nol sofferse:

E ciò mi fece a dimandar più tardo.

CHANT III. 53

C'est l'esprit radieux de la grande Constance
Qui, du second orgueil de Souabe, eut puissance
D'engendrer un troisième et dernier empereur (6). »

Ainsi l'ombre parla; puis d'une voix touchante
Entonne *Ave Maria*, et pendant qu'elle chante
Disparaît comme un poids qui dans l'eau va sombrant.

J'essayai de la suivre en étendant ma vue
Aussi loin que possible, et quand je l'eus perdue
Je revins à l'objet de mon désir plus grand,

Tournant sur Béatrice et mes yeux et mon âme.
Mais la sainte dardait sur moi si vive flamme
Que je fermai d'abord mes yeux devant ce feu,

Et qu'avant de parler je dus attendre un peu.

NOTES DU CHANT III.

(1) Narcisse, amoureux de son image, avait pris un reflet pour une réalité et non une réalité pour un reflet.

(2) A celle de Dieu.

(3) Piccarde, sœur de Corso Donati et de Forèse que nous avons vu au *Purgatoire* (chant XXIII). Entrée dans le monastère de Sainte-Claire de l'ordre des Franciscains, elle en fut arrachée par son frère Corso qui la maria à un gentilhomme florentin Rosellino della Rosa.

(4) Quels furent ces vœux qu'elle ne put accomplir jusqu'au bout?

(5) Sainte-Claire.

(6) Constance, fille de Roger, roi de Pouille et de Sicile. D'abord religieuse à Palerme, elle fut tirée de son couvent pour épouser Henri V, empereur et fils de Frédéric-Barberousse. Elle eut de lui Frédéric II, troisième et dernier orgueil de la maison de Souabe, c'est-à-dire le troisième et dernier empereur de cette maison.

ARGUMENT DU CHANT IV.

Les paroles de Piccarda et sa présence dans la Lune ont suggéré à Dante deux questions graves touchant le séjour des bienheureux et l'action de la violence sur la volonté. Béatrice l'éclaire. Théorie de la volonté libre. Dante soumet à Béatrice une troisième question : à savoir s'il est impossible de suppléer de quelque manière à des vœux qui n'ont pas été observés jusqu'au bout.

CANTO QUARTO.

Intra duo cibi distanti, e moventi
D' un modo, prima si morria di fame,
Che liber' uom l' un recasse a' denti.

Sì si starebbe un agno intra duo brame
Di fieri lupi, igualmente temendo:
Sì si starebbe un cane intra duo dame.

Perchè s' io mi tacea, me non riprendo,
Dalli miei dubbi d' un modo sospinto,
Poich' era necessario, nè commendo.

Io mi tacea: ma 'l mio disir dipinto
M' era nel viso, e 'l dimandar con ello
Più caldo assai, che per parlar distinto.

CHANT QUATRIÈME.

Entre deux mets placés à pareille distance,
Tous deux d'égal attrait, l'homme libre balance,
Mourant de faim avant de mordre à l'un des deux.

Tremblant de faire un pas à gauche comme à droite,
Entre deux loups cruels la brebis reste coite.
Passent deux cerfs : le chien reste en suspens entre eux.

Tel entre deux désirs, l'un à l'autre contraire,
Je flottais en suspens, et, forcé de me taire,
Je m'en voudrais à tort ou louer ou blâmer.

Mais, tout en me taisant, ma curieuse envie
Se peignait dans mes yeux avec plus d'énergie
Que si j'eusse en des mots tenté de l'exprimer.

Fessi Beatrice, qual fe' Daniello,
Nabuccodonosor levando d'ira,
Che l'avea fatto ingiustamente fello.

E disse: Io veggio ben come ti tira
Uno ed altro disio, sì che tua cura
Sè stessa lega sì che fuor non spira.

Tu argomenti: Se 'l buon voler dura,
La violenza altrui per qual ragione
Di meritar mi scema la misura?

Ancor di dubitar ti dà cagione,
Parer tornarsi l'anime alle stelle,
Secondo la sentenza di Platone.

Queste son le quistion, che nel tuo velle
Pontano igualemente: e però pria
Tratterò quella, che più ha di felle.

De' Serafin colui, che più s'india,
Moisè, Samuello e quel Giovanni,
Qual prender vuogli, io dico, non Maria,

Non hanno in altro Cielo i loro scanni,
Che quegli spirti, che mo t'appariro,
Ne hanno all'esser lor più o meno anni.

Béatrix fit pour moi, devançant ma prière,
Ce qu'avait fait Daniel pour calmer la colère
Qui rendit si cruel Nabuchodonosor (1):

« Je vois entre ses vœux hésiter ta pensée,
Et dans ses propres nœuds ton âme embarrassée,
Dit-elle, ne peut pas s'épancher au dehors.

–Tu te dis : « Si mon cœur dans le bien persévère,
A quel titre pourrait la contrainte étrangère
Diminuer le prix de mon intention? »

Autre sujet pour toi de doutes et de voiles :
Ce retour supposé des âmes aux étoiles,
Dont parle quelque part l'infaillible Platon (2).

Tu brûles d'éclaircir l'un et l'autre problème.
Mais je vais commencer par traiter le deuxième,
Car il renferme un fiel d'erreur plus dangereux.

Des séraphins celui qui plus en Dieu respire,
Moïse, Samuel, les deux Jean, et, qui dire?
Marie, enfin, Marie et tous les bienheureux,

N'ont pas en autre Ciel leur banc près du Grand-Être
Que ces esprits qui là viennent de t'apparaître ;
Tous ont l'éternité pour âge de bonheur.

Ma tutti fanno bello il primo giro,
E differentemente han dolce vita,
Per sentir più e men l' eterno spiro.

Qui si mostraron, non perchè sortita
Sia questa spera lor, ma per far segno
Della celestial, ch' ha men salita.

Così parlar conviensi al vostro ingegno,
Perocchè solo da sensato apprende
Ciò, che fa poscia d' intelletto degno.

Per questo la Scrittura condescende
A vostra facultate, e piedi e mano
Attribuisce a Dio, ed altro intende:

E santa Chiesa con aspetto umano
Gabriell' e Michel vi rappresenta,
E l' altro, che Tobbia rifece sano.

Quel, che Timeo dell' anime argomenta,
Non è simile a ciò, che qui si vede,
Perocchè, come dice, par che senta.

Dice, che l' alma alla sua stella riede,
Credendo quella quindi esser decisa,
Quando natura per forma la diede.

Par tous du premier Ciel l'enceinte est embellie.
Tous, mais différemment, ils ont la douce vie,
Sentant ou plus ou moins le souffle du Seigneur.

Tu les as vus ici, non que Dieu leur assigne
Ce cercle inférieur, mais afin qu'à tel signe
Tu connaisses leur rang dans le saint firmament.

Il faut ainsi parler à votre intelligence
Qui ne prend que des sens et de l'expérience
Tout ce qui monte ensuite à votre entendement.

S'abaissant jusqu'à vous, c'est pour la même cause
Que l'Écriture (encor qu'elle entende autre chose)
Donne à l'Être suprême et des pieds et des mains,

Et que la sainte Église, en sa parole étrange,
Représente Michel, Gabriel et l'autre ange
Qui sut guérir Tobie, avec des traits humains.

Des âmes ce que dit Timée est bien contraire
A ce qu'ici l'on voit, puisque lui, sans mystère
Ni figure, il paraît penser comme il écrit.

A son étoile il dit que chaque âme retourne,
Estimant que c'est là d'abord qu'elle séjourne
Avant de prendre forme en un corps circonscrit.

E forse sua sentenzia è d'altra guisa,
Che la voce non suona, ed esser puote
Con intenzion da non esser derisa.

S'egl'intende tornare a queste ruote
L'onor della 'nfluenza e 'l biasmo, forse
In alcun vero suo arco percuote.

Questo principio male inteso torse,
Già tutto 'l mondo quasi, sì che Giove,
Mercurio, e Marte a nominar trascorse.

L'altra dubitazion, che ti commuove,
Ha men velen, perocchè sua malizia
Non ti potria menar da me altrove.

Parere ingiusta la nostra giustizia
Negli occhi de' mortali, è argomento
Di fede, e non d'eretica nequizia.

Ma perchè puote vostro accorgimento
Ben penetrare a questa veritate,
Come disiri, ti farò contento.

Se violenza è quando quel, che pate,
Niente conferisce a quel che sforza,
Non fur quest'alme per essa scusate:

Mais peut-être il enferme, en son penser sublime,
Quelque sens différent de celui qu'il exprime,
Et qui profondément veut être médité.

S'il veut attribuer ou l'honneur ou le blâme
A ces orbes divins d'influer sur notre âme,
Peut-être a-t-il frappé sur quelque vérité.

Mal compris, ce principe a fourvoyé le monde,
Et jusqu'à l'entraîner dans son erreur profonde
A proclamer dieux Mars, Mercure et Jupiter.

L'autre doute, qui fait que ton esprit chancelle,
Contient moins de venin; le poison qu'il récèle
Ne pourrait loin de moi te mener en enfer (3).

Aux regards des mortels, quand de Dieu la justice
Paraît injuste, au lieu d'hérétique malice,
C'est une occasion de témoigner sa foi.

Mais dans ce cas, puisque l'intelligence humaine
A cette vérité peut atteindre sans peine,
Au gré de ton désir sois satisfait par moi.

S'il n'est contrainte, au vrai, qu'autant que la victime
Lutte et ne cède en rien à celui qui l'opprime,
Ces ombres là n'ont pas cette excuse à leur tort.

Chè volontà, se non vuol, non s' ammorza,
Ma fa come natura face in foco,
Se mille volte violenza il torza:

Per che s' ella si piega assai o poco,
Segue la forza: e così queste fero,
Potendo ritornare al santo loco.

Se fosse stato il lor volere intero,
Come tenne Lorenzo in su la grada,
E fece Muzio alla sua man severo,

Così l' avria ripinte per la strada,
Ond' eran tratte, come furo sciolte:
Ma così salda voglia è troppo rada.

E per queste parole, se ricolte
L' hai come déi, è l' argomento casso,
Che t' avria fatto noia ancor più volte.

Ma or ti s' attraversa un altro passo
Dinanzi agli occhi tal, che per te stesso
Non n' usciresti, pria saresti lasso.

Io t' ho per certo nella mente messo,
Ch' alma beata non poria mentire,
Perocchè sempre al Primo Vero è presso:

Rien n'éteint, sans son gré, la volonté de l'âme,
Prompte à se redresser comme une vive flamme,
Quand même, et mille fois, le vent la courbe et tord.

Pour peu qu'elle se plie aux contraintes cruelles,
Elle abdique et se rend; ainsi firent icelles,
Puisqu'elles auraient pu retourner au saint lieu.

Que si leur volonté fût demeurée entière,
Comme chez Mucius, à sa main si sévère,
Ou chez Laurent restant sur le brasier en feu,

La liberté rendue, elle les eût sur l'heure
Remises au chemin de leur sainte demeure;
Mais si fermes vouloirs sont trop rares, hélas!

Par ce que je t'ai dit, si ton esprit m'écoute,
J'ai réduit à néant un argument de doute
Qui pouvait te laisser longtemps dans l'embarras.

Mais voici maintenant qu'un plus grave problème
Te vient à la traverse, et tel que par toi-même
Tu n'en pourrais pas être aisément délivré.

Je t'avais assuré qu'au Ciel, où ton œil plonge,
Aucune âme n'était capable de mensonge,
Toujours proche qu'elle est de la Source du Vrai.

E poi potesti da Piccarda udire,
Che l' affezion del vel Gostanza tenne,
Sì ch' ella par qui meco contraddire.

Molte fiate già, frate, addivenne,
Che per fuggir periglio, contro a grato
Si fe' di quel che far non si convenne:

Come Almeone, che, di ciò pregato
Dal padre suo, la propria madre spense;
Per non perder pietà, si fe' spietato.

A questo punto voglio, che tu pense,
Che la forza al voler si mischia, e fanno
Sì, che scusar non si posson l'offense.

Voglia assoluta non consente al danno:
Ma consentevi intanto, in quanto teme
Se si ritrae, cadere in più affanno.

Però quando Piccarda quello spreme,
Della voglia assoluta intende, ed io
Dell' altra; sì che ver diciamo insieme.

Cotal fu l' ondeggiar del santo rio,
Ch' uscì del fonte, ond' ogni ver deriva:
Tal pose in pace uno ed altro disio.

Et Piccarda, parlant après, t'a fait entendre
Que Constance garda pour le voile amour tendre,
Si bien qu'elle paraît contredire avec moi.

Bien des fois il advient dans la vie, ô mon frère!
Que, pour fuir un péril, ce qu'on n'eût pas dû faire,
On le fasse pourtant, à la fin, malgré soi.

Tel Alcméon, cédant aux prières d'un père
Et pour venger sa mort, tua sa propre mère,
Impie et parricide ainsi par piété.

Sache bien, sur ce point, comme il faut que tu penses :
Cela n'excuse pas devant Dieu vos offenses,
Que la force se mêle avec la volonté.

Absolument parlant, la volonté sans doute
Hait le mal, mais y cède en tant qu'elle redoute
De choir, en résistant, dans un mal plus affreux.

Piccarda te parlait, vraie à son point de vue,
Du vouloir absolu, de la volonté nue,
Et moi de l'autre : ainsi disions vrai toutes deux. »

Telle coulait sur moi, de la sainte rivière,
L'onde qu'elle puisait aux sources de lumière ;
Chacun de mes désirs ainsi fut apaisé.

O amanza del primo Amante, o diva,
Diss' io appresso, il cui parlar m' innonda
E scalda sì, che più m' avviva:

Non è l' affezion mia tanto profonda,
Che basti a render voi grazia per grazia:
Ma Quei, che vede, e puote; a ciò risponda.

Io veggio ben, che giammai non si sazia
Nostro intelletto, se 'l Ver non lo illustra,
Di fuor dal qual nessun vero si spazia.

Posasi in esso come fera in lustra,
Tosto che giunto l' ha: e giugner puollo,
Se non, ciascun disio sarebbe *frustra:*

Nasce per quello a guisa di rampollo
Appiè del vero il dubbio: ed è natura,
Ch' al sommo pinge noi di collo in collo.

Questo m' invita, questo m' assicura
Con riverenza, Donna, a dimandarvi
D' un' altra verità, che m' è oscura.

Io vo' saper se l' uom può soddisfarvi
A' voti manchi sì con altri beni,
Ch' alla vostra stadera non sien parvi.

« Amante du premier Amant qui fit le monde,
O sainte, dis-je, ô vous dont le Verbe m'inonde,
M'échauffe et met la vie en mon être embrasé !

Si profond soit l'amour que dans mon cœur j'amasse,
Il ne vous pourrait pas rendre grâce pour grâce,
Au Tout-Puissant ici plaise de m'acquitter !

Rien ne peut, je le vois, jamais nous satisfaire
Jusqu'à ce que le Vrai suprême nous éclaire,
Hors duquel rien de vrai ne saurait exister.

C'est là qu'on se repose au sein de la lumière,
Comme un lion qui tient sa proie en sa tannière;
Et l'on y vient, ou bien tout désir serait vain.

Pour monter jusque-là, naît le doute qui pousse
Comme un surgeon au pied du vrai, puis, qui nous pousse
De sommet en sommet jusqu'au plateau divin.

C'est ce qui m'enhardit, ô Dame que j'adore!
A vous interroger bien humblement encore
Sur un point qui demeure obscur à mes esprits.

Quand des vœux sont rompus, ne peut-on par la suite
Suppléer à ces vœux par quelque autre mérite
Dont le poids soit égal à ce qu'on a repris? »

Beatrice mi guardò con gli occhi pieni
Di faville d' amor, con sì divini,
Che, vinta mia virtù, diedi le reni,

E quasi mi perdei con gli occhi chini.

Sur moi fixe à ces mots Béatrix des prunelles
Où le divin amour jetait tant d'étincelles
Que je me détournai, défaillant, confondu;

Et je restai les yeux baissés, comme éperdu.

NOTES DU CHANT IV.

(1) En divisant et en expliquant le songe de Nabuchodonosor, ce que n'avaient pu faire les devins de Babylone, à la grande colère du roi, qui voulait le mettre à mort.

(2) C'est-à-dire qu'en voyant ces deux religieuses infidèles à leurs vœux dans la Lune, planète inconstante et variable, tu te demandes s'il n'est pas vraisemblable qu'elles l'ont habité avant de descendre sur terre, et qu'elles y sont retournées après la mort, doctrine conforme à celle que Platon exprime dans le *Timée*.

(3) Il semble au premier abord que ce soit le contraire, car il s'agit maintenant de savoir comment la violence d'autrui peut diminuer le prix d'une volonté qui reste bonne, ce qui met en question la justice de Dieu. Mais Dante l'explique. Comme on ne peut douter de la justice divine, cette difficulté devient une occasion d'adoration, un argument de foi, tandis que si l'on entend mal la doctrine du *Timée* sur le retour de chaque âme à son étoile, on s'écarte de l'orthodoxie dogmatique et l'on tombe dans l'hérésie. Ainsi s'explique d'une manière très-claire ce passage que tous les commentateurs et traducteurs ont jugé inexplicable, et il ne fallait pas pourtant, ce nous semble, un effort surhumain pour le comprendre.

ARGUMENT DU CHANT V.

Béatrice répond à la question de Dante en lui expliquant, d'après la nature et l'essence du vœu, comment et dans quel cas on peut satisfaire à des vœux qui ont été enfreints. Ascension au second Ciel, au Ciel de Mercure. Dante interroge un des esprits radieux qui s'empressent en foule vers lui.

CANTO QUINTO.

S' io ti fiammeggio nel caldo d' amore
Di là dal modo, che 'n terra si vede,
Sì che degli occhi tuoi vinco 'l valore,

Non ti maravigliar: chè ciò procede
Da perfetto veder che, come apprende,
Così nel bene appreso muove il piede.

Io veggio ben sì come già risplende
Nello 'ntelletto tuo l' eterna luce,
Che vista sola sempre amore accende:

E s' altra cosa vostro amor seduce,
Non è se non di quella alcun vestigio
Mal conosciuto, che quivi traluce.

CHANT CINQUIÈME.

« Dans l'ardeur de l'amour, si devant toi, mon frère,
Je resplendis bien plus qu'autrefois sur la terre,
Au point que de tes yeux j'ai vaincu le pouvoir,

Ne t'émerveille pas : elle vient, cette flamme,
Des parfaites clartés qu'ici perçoit notre âme,
Et que l'on suit du pied dès que l'œil peut les voir.

Dès à présent déjà je sens qu'elle étincelle
Dans ton entendement, la lumière éternelle
Qu'il suffit d'entrevoir pour s'embraser d'amour.

Quand à d'autres objets l'amour humain s'abuse,
C'est que de ces clartés une trace confuse
Y reluit au travers comme un reflet du jour.

Tu vuoi saper se con altro servigio,
Per manco voto si può render tanto,
Che l'anima sicuri di litigio.

Sì cominciò Beatrice questo canto:
E, sì com' uom, che suo parlar non spezza,
Continuò così 'l processo santo:

Lo maggior don, che Dio per sua larghezza
Fesse creando, e alla sua bontate
Più conformato, e quel ch' ei più apprezza,

Fu della volontà la libertate,
Di che le creature intelligenti,
E tutte e sole furo e son dotate.

Or ti parrà, se tu quinci argomenti,
L' alto valor del voto, s' è sì fatto,
Che Dio consenta, quando tu consenti:

Chè nel fermar tra Dio e l' uomo il patto,
Vittima fassi di questo tesoro,
Tal, qual io dico, e fassi col suo atto.

Dunque, che render puossi per ristoro?
Se credi bene usar quel, ch' hai offerto,
Di mal tolletto vuoi far buon lavoro.

Tu désires savoir s'il se peut qu'on acquitte
Un vœu qu'on a rompu par quelque autre mérite,
Qui gagne le procès de l'âme devant Dieu. »

Ainsi dit Béatrix commençant ce cantique,
Et puis continua son discours angélique,
Parlant, sans s'interrompre, avec le même feu :

« Le plus précieux don que Dieu dans sa largesse
Fit au monde, le plus conforme à sa tendresse,
La plus grande à ses yeux de toutes ses bontés,

C'est de la volonté cette libre puissance,
Dont les êtres doués d'âme et d'intelligence
Furent tous, furent seuls et pour toujours dotés.

Ores t'apparaîtra, comme une conséquence,
Quel haut prix ont les vœux, lorsque de connivence
Ils sont formés sur terre, et consentis au Ciel.

Dans ce pacte entre l'homme et Dieu, pacte sublime,
Le trésor que je dis devient une victime (1)
Et la volonté s'offre elle-même à l'autel.

Or pour un tel trésor, qu'est-ce qu'on pourrait rendre ?
Tu crois en bien user en osant le reprendre ?
Ce qu'on a mal acquis, peut-on bien s'en servir ?

Tu se' omai del maggior punto certo;
Ma perchè santa Chiesa in ciò dispensa,
Che par contra lo ver, ch' io t' ho scoverto;

Convienti ancor sedere un poco a mensa,
Perocchè 'l cibo rigido, ch' hai preso,
Richiede ancora aiuto a tua dispensa.

Apri la mente a quel, ch' io ti paleso,
E fermalvi entro: che non fa scïenza,
Senza lo ritenere, avere inteso.

Duo cose si convengono all' essenza
Di questo sacrificio: l' una è quella,
Di che si fa; l' altra è la convenenza.

Quest' ultima giammai non si cancella,
Se non servata, ed intorno di lei,
Sì preciso di sopra, si favella:

Però necessitato fu agli Ebrei
Pur l' offerire, ancor che alcuna offerta
Si permutasse, come saper dei.

L' altra, che per materia t' è aperta,
Puote bene esser tal, che non si falla,
Se con altra materia si converta.

CHANT V.

Sur ce point capital donc plus d'incertitude.
Mais comme moins que moi l'Église semble rude,
Et qu'ici ses pardons semblent me démentir,

Demeure encore à table un moment, pour m'entendre.
Le mets est un peu dur que tu viens là de prendre ;
Il te faut du secours pour le digérer bien.

Ouvre à ma voix ton âme et ton intelligence
Et renferme-s-y la. Pour avoir la science,
Si l'on ne se souvient, avoir compris n'est rien.

Dans l'essence du vœu sacré que l'on contracte
Entrent deux éléments : d'abord l'objet du pacte
Et le pacte lui-même en dehors de l'objet.

Ce dernier élément, encor qu'on le méprise,
On ne peut l'effacer. De façon si précise
Quand je parlais plus haut, c'était à son sujet.

Ainsi chez les Hébreux l'oblation pieuse
Fut d'obligation étroite et rigoureuse,
Encor bien que l'offrande eût quelquefois changé.

L'objet même du vœu, comme il n'est que matière,
Il peut bien arriver que sans péché, mon frère,
On le change, et qu'on soit de son vœu dégagé.

Ma non trasmuti carco alla sua spalla
Per suo arbitrio alcun, senza la volta
E della chiave bianca, e della gialla:

Ed ogni permutanza credi stolta,
Se la cosa dimessa in la sorpresa,
Come 'l quattro nel sei, non è raccolta.

Però qualunque cosa tanto pesa
Per suo valor, che tragga ogni bilancia,
Soddisfar non si può con altra spesa.

Non prendano i mortali il voto a ciancia:
Siate fedeli, ed a ciò far non bieci,
Come fu Iepte alla sua prima mancia:

Cui più si convenia dicer: Mal feci,
Che servando far peggio, e così stolto
Ritrovar puoi lo gran Duca de' Greci:

Onde pianse Ifigenia il suo bel volto,
E fe' pianger di sè e i folli e i savi,
Ch' udìr parlar di così fatto colto.

Siate, Cristiani, a muovervi più gravi:
Non siate come penna ad ogni vento,
E non crediate, ch' ogni acqua vi lavi.

Mais que nul ne prétende en agir à sa guise
Sans avoir bien tourné les deux clés à l'Église,
Et qu'on ne change pas de son chef son fardeau.

Crois que tout changement est folie et faiblesse,
Si le poids que l'on prend ne vaut celui qu'on laisse,
Si comme quatre à six l'ancien n'est au nouveau.

Donc si le vœu qu'on forme est de telle importance
Qu'il fasse sous son poids pencher toute balance,
On ne peut remplacer ce vœu sacré par rien.

Mortels! ne traitez pas vos vœux en bagatelles;
Mais formez en de bons pour leur rester fidèles.
N'imitez pas Jephté si cruel dans le sien.

Assurément à lui mieux eût valu de dire :
« J'ai mal fait, » qu'en tenant son vœu de faire pire.
N'imitez pas non plus ce chef des Grecs fameux,

Qui fit sur sa beauté pleurer Iphigénie,
Attendrissant sur elle et le sage et l'impie,
Quiconque ouït parler d'un vœu si monstrueux.

Chrétiens, qu'un feu plus grave en vos esprits s'allume!
N'allez pas au hasard comme à tout vent la plume !
Toute eau, croyez-le bien, ne peut pas vous laver.

5.

Avete 'l vecchio e 'l nuovo Testamento,
E 'l Pastor della Chiesa, che vi guida:
Questo vi basti a vostro salvamento.

Se mala cupidigia altro vi grida,
Uomini siate, e non pecore matte,
Sì che 'l Giudeo tra voi di voi non rida.

Non fate come agnel, che lascia il latte
Della sua madre, e semplice e lascivo
Seco medesmo a suo piacer combatte.

Così Beatrice a me com' io lo scrivo:
Poi si rivolse tutta disiante
A quella parte, ove 'l mondo è più vivo.

Lo suo piacer, e 'l tramutar sembiante
Poser silenzio al mio cupido ingegno,
Che già nuove quistioni avea davante.

E sì come saetta, che nel segno
Percuote pria che sia la corda queta,
Così corremmo nel secondo regno.

Quivi la donna mia vid' io sì lieta
Come nel lume di quel ciel si mise,
Che più lucente se ne fe' il pianeta.

Vous avez l'Écriture ancienne et la nouvelle,
Vous avez le pasteur de l'Église éternelle;
Avec ces guides-là vous pouvez vous sauver.

Si le mauvais désir autre chose vous crie,
Gardez que parmi vous, de vous le Juif ne rie.
Soyez hommes, et non des bêtes sans raison.

N'imitez pas l'agneau qui du lait de sa mère
Se détache et se fait à lui-même la guerre,
En bondissant folâtre et sans réflexion. »

Comme ici je l'écris me parla Béatrice.
En extase ravie alors, ma protectrice
Se tourna du côté d'où le soleil brillait (2).

L'ivresse qui semblait transfigurer mon guide
Imposa le silence à mon esprit avide
Qui d'autres questions déjà lui préparait.

Et telle, quand la corde encore vibre et tremble
La flèche touche au but, ainsi tous deux ensemble
Dans le second des Cieux abordions en courant.

En entrant dans ce Ciel qui sur nous se déploie,
Dans les yeux de ma Dame éclata telle joie
Que la planète même en prit un feu plus grand.

E se la stella si cambiò e rise,
Qual mi fec' io, che pur di mia natura
Trasmutabile son per tutte guise!

Come in peschiera, ch' è tranquilla e pura,
Traggono i pesci a ciò, che vien di fuori
Per modo, che lo stimin lor pastura:

Sì vid' io ben più di mille splendori
Trarsi ver noi, ed in ciascun s' udia,
Ecco chi crescerà li nostri amori:

E sì come ciascuno a noi venia;
Vedeasi l' ombra piena di letizia
Nel folgor chiaro che di lei uscia.

Pensa, Lettor, se quel, che qui s' inizia,
Non procedesse, come tu avresti
Di più savere angosciosa carizia:

E per te vederai, come da questi
M' era 'n disio d' udir lor condizioni,
Sì come agli occhi mi fur manifesti.

O bene nato, a cui veder li troni
Del trionfo eternal concede grazia
Prima che la milizia s' abbandoni;

Si l'étoile sourit transformée et plus belle,
Que dus-je devenir, moi, nature mortelle
Prête à changer toujours à toute impression !

Comme dans un vivier, à l'eau tranquille et pure,
Qu'il vienne du dehors un semblant de pâture,
Les poissons à l'envi courent à l'hameçon :

Plus de mille splendeurs ainsi vers nous s'avancent,
Et de leur sein vers nous des voix tendres s'élancent,
Disant : Voici qui vient accroître notre amour !

A mesure vers nous que chaque ombre s'empresse,
Dans chacune apparaît une immense allégresse
Au fulgurant éclat qu'elle jette alentour.

Songe, si j'arrêtais ce qu'ici je commence,
Combien n'aurais-tu pas, lecteur, d'impatience
Et d'anxieux désir d'en connaître la fin ?

Eh bien ! tu pourras donc par toi-même comprendre
Si, dès qu'à mes regards parut la foule tendre,
De la connaître mieux j'eus une ardente faim !

« O bienheureux qui vois, par grâce singulière,
Le triomphe éternel des trônes de lumière
Avant d'avoir quitté la vie et ses combats;

Del lume, che per tutto 'l Ciel si spazia,
Noi semo accesi: e però se disii
Di noi chiarirti, a tuo piacer ti sazia.

Così da un di quelli spirti pii
Detto mi fu; e da Beatrice: Di' di'
Sicuramente, e credi come a Dii.

Io veggio ben sì come tu t' annidi
Nel proprio lume, e che da gli occhi il traggi,
Perch' ei corrusca, sì come tu ridi :

Ma non so chi tu se', nè perchè aggi,
Anima degna, il grado della spera,
Che si vela a' mortai con gli altrui raggi;

Questo diss' io dritto alla lumiera,
Che pria m' avea parlato: ond' ella fessi
Lucente più assai di quel, ch' ell' era.

Sì come 'l Sol, che si cela egli stessi
Per troppa luce, quando 'l caldo ha rose
Le temperanze de' vapori spessi:

Per più letizia, sì mi si nascose
Dentro al suo raggio la figura santa,
E così chiusa chiusa mi rispose

Nel modo, che 'l seguente canto canta.

CHANT V.

Tous les feux répandus dans le céleste empire
Nous les réfléchissons : donc si ton cœur désire
Être éclairé sur nous, parle sans embarras ! »

Par un de ces esprits cette phrase fut dite.
Sur quoi ma Béatrix : « Réponds-lui tout de suite,
Parle en toute assurance, et crois-le comme Dieu. »

« Ton nid est, je le vois, la lumière éternelle,
Et tu portes aussi sa flamme en ta prunelle,
Car, lorsque tu souris, il en sort plus de feu.

Mais j'ignore ton nom et ton sort, âme digne !
Et pourquoi, dans les Cieux, pour degré l'on t'assigne
Cette sphère que voile aux humains le soleil (3). »

Ainsi dis-je tourné tout droit vers la lumière
Qui m'avait adressé sa phrase la première :
Elle s'illumina d'un rayon plus vermeil.

Ainsi que le soleil qui se cèle lui-même
Par excès de splendeur, quand sa chaleur extrême
A dissous les vapeurs qui venaient du couchant ;

Ainsi, par l'allégresse en ses yeux mieux empreinte,
Dans ses propres rayons se voila l'ombre sainte ;
Et renfermée ainsi, dans ses feux se cachant,

Dit ce qu'on pourra lire en mon sixième chant.

NOTES DU CHANT V.

(1) Le trésor : Sa volonté.

(2) Le texte dit : où le monde paraît plus vivant.

(3) Cette sphère, c'est-à-dire la planète de Mercure, voisine du Soleil, et souvent cachée par sa lumière.

ARGUMENT DU CHANT VI.

Justinien se découvre au poëte. Il lui retrace le bien qu'il a fait, et toute la glorieuse histoire de l'aigle impériale et romaine. Il termine en lui apprenant que la planète qu'il habite est le séjour des âmes avides de gloire, qui ont fait de belles actions en vue et par amour de la renommée, et lui montre l'âme de Romée, ministre de Raymond Béranger, comte de Provence.

CANTO SESTO.

Posciachè Costantin l' aquila volse
Contra 'l corso del Ciel, che la seguìo,
Dietro all' antico, che Lavinia tolse;

Cento e cent' anni e più 'l uccel di Dio
Nello stremo d' Europa si ritenne
Vicino a' monti, de' quai prima uscìo:

E sotto l' ombra delle sacre penne,
Governò 'l mondo lì, di mano in mano,
E sì cangiando, in su la mia pervenne.

Cesare fui, e son Giustinïano,
Che, per voler del primo Amor, ch' io sento,
D' entro alle leggi trassi il troppo e 'l vano:

CHANT SIXIÈME.

« Après que Constantin eut fait rebrousser l'Aigle
Contre le cours du jour, qu'elle avait pris règle
Aux mains de l'ancien preux qui Lavine enleva (1),

L'oiseau de Dieu se tint, pendant deux cents ans d'âge,
Aux confins de l'Europe et dans le voisinage
De ces monts d'où son vol en premier s'éleva.

Là sous son aile sainte, à son ombre prospère,
Passant de main en main, il gouverna la terre
Jusqu'à ce qu'à la mienne enfin il fût échu.

Je suis Justinien un des Césars du monde!
Sous l'inspiration de l'Amour qui m'inonde
J'ôtai des lois le sens obscur et superflu.

E prima ch' io all' opra fossi attento,
Una natura in Cristo esser, non piùe,
Credeva, e di tal fede era contento.

Ma il benedetto Agabito, che fue
Sommo Pastore, alla fede sincera
Mi dirizzò con le parole sue.

Io gli credetti, e ciò che suo dir' era,
Veggio ora chiaro, sì come tu vedi
Ogni contraddizione e falsa e vera.

Tosto che con la Chiesa mossi i piedi,
A Dio, per grazia piacque d' inspirarmi
L' alto lavoro, e tutto in lui mi diedi;

E al mio Bellisar commendai l' armi,
Cui la destra del Ciel fu sì congiunta,
Che segno fu, ch' io dovessi posarmi.

Or qui alla quistion prima s' appunta
La mia risposta; ma sua condizione
Mi stringe a seguitare alcuna giunta:

Perchè tu veggi con quanta ragione
Si move contra il sacrosanto segno,
E chi 'l s' appropria, e chi a lui s' oppone.

Avant de me vouer à cette œuvre qui dure,
J'attribuais au Christ une seule nature,
Et je me complaisais dans mon aveugle foi (2).

Par bonheur Agapet, un des Pasteurs de Rome,
Redressa mon erreur, et, grâce à ce saint homme,
Le flambeau de la Foi brilla pur devant moi.

Je le crus, et ce que disait son éloquence
M'apparaît maintenant, comme à toi, d'évidence,
Tout contredit implique et le faux et le vrai.

Sitôt que je marchai d'accord avec l'Église,
Par grâce il plut à Dieu m'inspirer l'entreprise
De ce noble labeur auquel je me livrai.

Je confiai l'armée à mon cher Bélisaire,
Et Dieu le soutenant de sa main tutélaire,
Je pus me reposer en paix sur ce héros.

Or à la question que tu viens de me faire
J'ai déjà répondu, mais il est nécessaire,
Le sujet m'y contraint, d'ajouter quelques mots.

Je veux te faire voir avec quelle folie
Lutte contre le saint étendard d'Italie
Qui lui résiste et qui veut se l'approprier (3).

Vedi quanta virtù l' ha fatto degno
Di riverenza, e cominciò dall' ora,
Che Pallante morì per dargli regno.

Tu sai ch' e' fece in Alba sua dimora
Per trecent' anni ed oltre, infino al fine
Che tre a tre pugnâr per lui ancora.

Sai quel, che fe' dal mal delle Sabine
Al dolor di Lucrezia in sette regi,
Vincendo intorno le genti vicine.

Sai quel che fe', portato dagli egregi
Romani incontro a Brenno, incontro a Pirro,
Incontro agli altri principi e collegi.

Onde Torquato, e Quintio, che dal cirro
Negletto fu nomato, e Deci, e Fabi
Ebber la fama, che volentier mirro.

Esso atterrò l' orgoglio degli Arábi,
Che diretro ad Annibale passaro
L' alpestre rocce, Po, di che tu labi.

Sott' esso giovanetti trionfaro
Scipïone e Pompeo, ed a quel colle,
Sotto 'l qual tu nascesti, parve amaro.

Vois combien de hauts faits ont consacré sa gloire
A compter du moment où s'ouvre son histoire,
Quand Pallas succomba pour le faire régner (4).

Tu sais qu'il établit dans Albe sa demeure,
Et plus de trois cents ans y resta jusqu'à l'heure
Où luttèrent encor pour lui trois contre trois.

Tu sais bien, subjuguant les nations voisines,
Ce qu'il a fait depuis l'affaire des Sabines
Jusqu'aux pleurs de Lucrèce, à l'époque des rois.

Tu sais ce qu'en des mains dignes de le conduire
Il fit contre Brennus et Pyrrhus, roi d'Épire,
Contre peuples et rois, tous ligués contre lui.

A lui Cincinnatus, (la longue Chevelure),
Torquatus, Fabius, Dèce, ont dû la gloire pure
Que j'admire et j'envie encor, même aujourd'hui.

Il terrassa l'orgueil des hordes africaines
Qui, derrière Annibal, venant jusqu'en nos plaines,
Franchirent, Eridan! les monts d'où tu jaillis.

Puis il fit triompher, à la fleur de leur âge,
Scipion et Pompée, et marqua son passage
Sur les coteaux où toi, poëte, tu naquis (5).

Poi presso al tempo, che tutto 'l Ciel volle
Ridur lo mondo, a suo modo, sereno,
Cesare, per voler di Roma il tolle:

E quel, che fe' da Varo insino al Reno,
Isara vide ed Era, e vide Senna,
Ed ogni valle, onde 'l Rodano è pieno.

Quel, che fe' poi ch' egli uscì di Ravenna,
E saltò il Rubicon, fu di tal volo,
Che nol seguiteria lingua nè penna.

In ver la Spagna rivolse lo stuolo:
Poi ver Durazzo, e Farsaglia percosse
Sì, ch' al Nil caldo si sentì del duolo:

Antandro e Simoenta, onde si mosse,
Rivide, e là, dov' Ettore si cuba,
E mal per Tolommeo poi si riscosse.

Da onde venne folgorando a Giuba:
Poi si rivolse nel vostro Occidente,
Dove sentia la Pompeiana tuba.

Di quel, che fe' col baiulo seguente,
Bruto con Cassio nello 'nferno latra,
E Modona e Perugia fu dolente.

A l'approche des temps où le Ciel pur d'orage (6)
Voulut rasséréner la terre à son image,
Rome donne à César l'étendard souverain :

Elles ont vu, l'Isère, et la Seine, et la Saône,
Et toute la vallée où se gonfle le Rhône,
Ce qu'il a fait alors du Var jusques au Rhin.

Après le Rubicon, en sortant de Ravenne,
D'un tel essor vola l'Aigle césarienne
Qu'à peine on suit ce vol, rien qu'en le racontant.

Du côté de l'Espagne elle court triomphale,
Fond sur Dyracchium et va frapper Pharsale
D'un coup qui retentit jusques au Nil brûlant.

Alors elle revit le Simoïs, Antandre,
Son berceau d'autrefois, où d'Hector dort la cendre,
Puis contre Ptolémée elle se retourna ;

La terre de Juba par sa foudre est frappée :
Puis, entendant sonner le clairon de Pompée,
Vers l'Occident encor César la ramena.

Dans la main qui suivit, ce que l'Aigle sublime
Fit, Brute et Cassius le hurlent dans l'abîme,
Et Modène et Pérouse en eurent à souffrir (7).

Piangene ancor la trista Cleopatra,
Che, fuggendogli innanzi, dal colubro
La morte prese subitanea ed atra.

Con costui corse insino al lito rubro;
Con costui pose 'l mondo in tanta pace,
Che fu serrato a Giano il suo delubro.

Ma ciò, che 'l segno, che parlar mi face,
Fatto avea prima, e poi era fatturo
Per lo regno mortal ch' a lui soggiace,

Diventa in apparenza poco e scuro,
Se in mano al terzo Cesare si mira
Con occhio chiaro, e con affetto puro:

Chè la viva giustizia che mi spira,
Gli concedette in mano a quel, ch' io dico,
Gloria di far vendetta alla sua ira.

Or qui t' ammira in ciò, ch' io ti replico.
Poscia con Tito a far vendetta corse
Della vendetta del peccato antico.

E quando 'l dente Longobardo morse
La Santa Chiesa, sotto alle sue ali
Carlo Magno, vincendo, la soccorse.

Elle en gémit encor, la triste Cléopâtre
Qui, s'enfuyant devant cette Aigle opiniâtre,
Au venin d'un serpent se livra pour mourir.

Auguste, à la mer Rouge et jusqu'au bout du monde
La porte; à l'univers donne une paix profonde,
Et de Janus enfin le temple est refermé.

Mais ce que l'oiseau saint, dont je redis l'histoire
Avait fait et devait faire encore pour sa gloire
Dans l'empire mortel sous sa serre enfermé,

Semble terne et chétif quand on le considère
Aux mains de l'héritier d'Auguste, de Tibère,
Si l'on a le cœur pur et qu'on regarde bien.

Car aux mains que je dis, la divine Justice
A cette Aigle accorda la gloire d'un supplice
Qui donna la vengeance à son courroux divin.

Or écoute moi bien. Je m'explique d'avance :
De l'antique péché cette grande vengeance,
L'Aigle court sous Titus la venger à son tour (8).

Et, sous l'ongle Lombard, quand l'Église chancelle,
Charlemagne déploie encor l'Aigle éternelle,
Et sur l'Église étend les ailes de l'autour.

Omai puoi giudicar di que' cotali,
Ch' io accusai di sopra, e de' lor falli,
Che son cagion di tutti i vostri mali.

L' uno al pubblico segno i gigli gialli
Oppone, e l' altro appropria quello a parte,
Sì ch' è forte a veder qual più si falli.

Faccian gli Ghibellin, faccian lor' arte
Sott' altro segno: chè mal segue quello
Sempre, chi la giustizia e lui diparte:

E non l' abbatta esto Carlo novello
Co' Guelfi suoi, ma tema degli artigli,
Ch' a più alto leon trasser lo vello.

Molte fiate già pianser li figli
Per la colpa del padre: e non si creda,
Che Dio trasmuti l' armi, per suoi gigli.

Questa picciola stella si correda
De' buoni spirti, che son stati attivi,
Perchè onore e fama gli succeda:

E quando li desiri poggian quivi,
Sì disviando, pur convien che i raggi
Del vero amore in su poggin men vivi.

Juge, sur ce récit, de la vaine arrogance
De ceux que j'accusais plus haut d'extravagance,
Et qui de tous vos maux sont la cause aujourd'hui.

L'un à cet étendard sacré de l'Italie
Oppose le lys jaune, et l'autre, (et sa folie
Est aussi grande) en fait un drapeau de parti.

Fassent les Gibelins, fassent leur art indigne
Sous un autre étendard! Car il trahit ce signe,
Celui qui n'unit pas la justice au drapeau.

Et toi n'espère pas le renverser par terre
Avec tes Guelfes, fils de Charles (9)! Crains la serre
Où plus rude lion a déchiré sa peau!

Plus d'une fois les fils pour les fautes du père
Ont dû pleurer. Bien fou le Guelfe s'il espère
Que Dieu change de camp en faveur de ses lys!

Cette petite étoile où j'habite est semée
Des esprits généreux qui pour la renommée
Ont travaillé, plutôt que pour le Paradis (10):

Or, lorsque pour monter à la source de joie,
Nos désirs ont suivi cette indirecte voie,
L'amour divin sur nous tombe moins fulgurant.

Ma nel commensurar de' nostri gaggi
Col merto, è parte di nostra letizia,
Perchè non li vedém minor, nè maggi.

Quinci addolcisce la viva giustizia
In noi l'affetto sì, che non si puote
Torcer giammai ad alcuna nequizia.

Diverse voci fanno dolci note:
Così diversi scanni in nostra vita
Rendon dolce armonia tra queste ruote.

E dentro alla presente margherita
Luce la luce di Roméo, di cui
Fu l'opra grande e bella mal gradita:

Ma i Provenzali, che fer contra lui,
Non hanno riso: e però mal cammina,
Qual si fa danno del ben fare altrui.

Quattro figlie ebbe, e ciascuna reina,
Ramondo Berlinghieri, e ciò gli fece
Roméo persona umile e peregrina:

E poi il mosser le parole bicce
A dimandar ragione a questo giusto,
Che gli assegnò sette e cinque per diece.

CHANT VI.

Mais cette égalité du prix et du mérite
Est encore un bonheur dans ces Cieux où j'habite,
Il ne nous semble pas trop petit, ni trop grand.

La vivante Justice ici nous purifie,
Et jusqu'au fond du cœur si bien nous sanctifie
Qu'il n'y pourrait entrer une goutte de fiel.

Comme des sons divers font naître une harmonie,
Ainsi nos rangs divers, dans la vie infinie,
Forment un doux concert en ces sphères du Ciel.

Dans cette perle-ci, d'amour toute animée,
Luit comme une splendeur l'âme du grand Romée
Qui fut si mal payé de tout le bien qu'il fit (11).

Mais les barons jaloux, ces Provençaux infâmes,
N'ont pas à s'applaudir aujourd'hui de leurs trames;
Car jalouser la gloire est d'un méchant profit.

Si Béranger s'unit aux maisons souveraines;
Père de quatre enfants, s'il en fit quatre reines,
Il le dut à Romée, au pèlerin obscur.

Des discours envieux excitèrent le comte.
Le juste du trésor eut à lui rendre compte.
Il l'avait d'un cinquième augmenté, l'homme pur (12)!

Indi partissi povero e vetusto:
E se 'l mondo sapesse 'l cuor, ch' egli ebbe,
Mendicando sua vita a frusto a frusto,

Assai lo loda, e più lo loderebbe.

Mais alors il partit, pauvre et tout chargé d'âge.
Si le monde savait ce qu'il eut de courage
En mendiant son pain, et morceau par morceau,

Son renom déjà grand serait encor plus beau.

NOTES DU CHANT VI.

(1) C'est-à-dire après que Constantin eût ramené de Rome à Bysance, d'Occident en Orient, l'aigle romaine, qu'avait portée Énée d'Orient en Occident, des montagnes de la Troade au pays de Lavinie.

(2) Justinien déclare ici qu'il avait été partisan des opinions d'Eutychès, hérésiarque.

(3) Les Guelfes qui ne veulent pas reconnaître l'aigle impériale, et les mauvais Gibelins qui veulent l'accaparer à leur profit.

(4) Pallas, fils d'Évandre, fut tué par Turnus en venant au secours d'Énée, fondateur de l'Empire romain.

(5) Les coteaux de Fiésole qui dominent Florence. Fiésole fut brûlée par l'armée romaine pour avoir donné asile à Catilina et à sa bande.

(6) A l'approche de la naissance du Christ.

(7) Auguste écrasa Marc-Antoine près de Modène, et fit prisonnier son frère Lucius, assiégé par lui dans Pérouse.

(8) Sous Tibère, et par les ordres d'un proconsul romain, la mort du Christ expia le péché originel et satisfit à la vengeance divine. Mais les Juifs, auteurs de la mort du Christ, eurent à en subir à leur tour la vengeance sous Titus. Ainsi Dante, par la bouche de Justinien, fait à la fois honneur à l'aigle romaine et de la mort du Christ sous Tibère et de la vengeance qui en fut tirée sous Titus. C'est bien subtil.

(9) Charles II, roi de Pouille, protecteur de la ligue guelfe de Toscane.

(10) Justinien répond ici à la question de Dante au sujet des habitants de la planète de Mercure.

(11) Sur ce Romée, ministre de Raymond Béranger, comte de Provence, voir les Chroniques du temps.

(12) Littéralement : il lui rendit douze pour dix.

ARGUMENT DU CHANT VII.

Justinien et les autres esprits disparaissent. Un propos de l'empereur, demeuré obscur pour Dante, lui est éclairci par Béatrice qui entreprend ensuite de lui expliquer le mystère de la rédemption humaine par l'incarnation du Verbe. Argument subsidiaire en faveur de l'immortalité de l'âme et de la résurrection des corps.

CANTO SETTIMO.

Osanna Sanctus Deus Sabaoth,
Superillustrans claritate tua
Felices ignes horum malahoth:

Così, volgendosi alla nota sua
Fu viso a me cantare essa sustanza,
Sopra la qual doppio lume s'addua:

Ed essa, e l'altre mossero a sua danza,
E quasi velocissime faville,
Mi si velar di subita distanza.

Io dubitava e dicea: Dille, dille,
Fra me, dille, diceva, alla mia donna,
Che mi disseta con le dolci stille:

CHANT SEPTIÈME.

Hosanna sanctus Deus Sabaoth
Superillustrans claritate tua
Felices ignes horum malahoth (1).

Ainsi, se retournant et reprenant sa gamme,
Se remit à chanter cette glorieuse âme
Sur qui doubles rayons semblaient tomber d'en haut (2).

Et de tous les esprits recommença la danse,
Et soudain à mes yeux les cacha la distance,
Comme des feux follets prompts à s'évanouir.

Un doute m'agitait : « Parle, parle sans crainte,
Me disais-je à part moi, parle à la Dame sainte.
Qu'une douce rosée étanche ton désir ! »

Ma quella reverenza, che s'indonna
Di tutto me, pur per B e per I C E,
Mi richinava, come l'uom ch'assonna.

Poco sofferse me cotal Beatrice,
E cominciò, raggiandomi d'un riso,
Tal che nel fuoco faria l'uom felice:

Secondo mio infallibile avviso,
Come giusta vendetta giustamente
Punita fosse, t'hai in pensier miso:

Ma io ti solverò tosto la mente:
E tu ascolta, che le mie parole
Di gran sentenzia ti faran presente.

Per non soffrire alla virtù che vuole
Freno a suo prode, quell'uom che non nacque
Dannando sè, dannò tutta sua prole:

Onde l'umana specie inferma giacque
Giù per secoli molti in grande errore,
Fin ch'al Verbo di Dio di scender piacque

U' la natura, che dal suo Fattore
S'era allungata, unìo a sè in persona,
Con l'atto sol del suo eterno Amore.

CHANT VII.

Mais ce trouble qui prend mon âme toute entière
Rien qu'à balbutier le nom de qui m'est chère (3),
Comme un homme assoupi faisait mon front pencher.

De cet état bientôt Béatrice me tire
Et dit, m'illuminant tout à coup d'un sourire
A rendre un homme heureux même sur son bûcher :

« Je vois, car rien ne peut tromper ma clairvoyance,
Que tu songes comment une juste vengeance
Fut vengée à son tour et le fut justement.

Je vais te délivrer du doute qui t'affole.
Mais écoute-moi bien, car ici ma parole
De grandes vérités va te faire présent.

Pour avoir rejeté la bride salutaire
Mise à sa volonté, l'homme créé sans mère,
Avec toute sa race à jamais se perdit.

Plusieurs siècles, souffrant du péché qu'elle traîne,
Dans un gouffre d'erreur languit l'espèce humaine,
Jusqu'au jour où de Dieu le Verbe descendit.

Il s'unit en personne alors à la nature
Que de son Créateur éloignait sa souillure,
Par un acte émané de son suprême Amour.

Or drizza 'l viso a quel che si ragiona.
Questa natura al suo Fattore unita,
Qual fu creata, fu sincera e buona:

Ma per sè stessa pur fu ella sbandita
Di Paradiso, perrochè si torse
Da via di verità e da sua vita.

La pena dunque, che la Croce porse,
S' alla natura assunta si misura,
Nulla giammai si giustamente morse:

E così nulla fu di tanta ingiura,
Guardando alla Persona, che sofferse,
In che era contratta tal natura.

Però d' un atto uscir cose diverse:
Ch' a Dio, ed a' Giudei piacque una morte:
Per lei tremò la terra, e 'l Ciel s' aperse.

Non ti dee oramai parer più forte,
Quando si dice, che giusta vendetta
Poscia vengiata fu da giusta corte.

Ma io veggi' or la tua mente ristretta
Di pensiero in pensier dentro ad un nodo,
Del qual con gran disio solver s' aspetta.

CHANT VII.

Or fais attention comme ici je raisonne.
Cette nature humaine unie à sa personne,
Il l'avait faite pure et bonne au premier jour.

Mais elle se bannit soi-même, infortunée,
Du divin Paradis, pour s'être détournée
Du chemin de la vie et de la vérité.

Donc la croix de Jésus, en mesurant la peine
Au tort qu'il empruntait de la nature humaine,
De tous les châtiments fut le plus mérité.

Mais jamais il ne fut aussi grande injustice,
Si l'on veut regarder qui souffrit ce supplice
Et s'enfermait dessous cette nature-là.

Ainsi divers effets par une même voie.
La même mort des Juifs et de Dieu fit la joie,
Et le Ciel fut ouvert, quand la terre trembla.

C'est dès lors chose aisée à ton intelligence
De comprendre comment une juste vengeance
Dut subir à son tour une expiation.

Mais je vois ta raison, de pensée en pensée,
En un doute nouveau tomber embarrassée,
Tu brûles d'en avoir une solution.

Tu dici: Ben discerno ciò, ch' io odo:
Ma perchè Dio volesse, m' è occulto,
A nostra redenzion pur questo modo.

Questo decreto, frate, sta sepulto
Agli occhi di ciascuno, il cui ingegno
Nella fiamma d' amor non è adulto.

Veramente, però ch' a questo segno
Molto si mira, e poco si discerne,
Dirò perchè tal modo fu più degno.

La divina bontà, che da sè sperne
Ogni livore, ardendo in sè sfavilla,
Sì, che dispiega le bellezze eterne.

Ciò che da lei senza mezzo distilla,
Non ha poi fine, perchè non si muove
La sua impronta, quand' ella sigilla

Ciò che da essa senza mezzo piove,
Libero è tutto, perchè non soggiace
Alla virtute delle cose nuove.

Più l' è conforme, e però più le piace:
Chè l' ardor santo, ch' ogni cosa raggia,
Nella più simigliante è più vivace.

Je comprends bien, dis-tu, ce que je viens d'entendre,
Mais je ne vois pas bien pourquoi Dieu voulut prendre
Ce moyen de rachat afin de nous sauver.

C'est un décret profond qui se cache, ô mon frère !
Aux yeux de qui n'a pas encor, loin de la terre,
Dans la flamme d'amour pu croître et s'élever;

Un mystère où beaucoup l'on s'évertue à lire
Sans beaucoup y voir clair. Au vrai, je vais te dire
Pourquoi ce mode fut le plus digne de Dieu.

La divine Bonté, qui repousse loin d'elle
Ce qui n'est pas amour, en brûlant étincelle
Et sème ses trésors immortels en tout lieu.

Ce qui directement émane d'elle-même
Dure éternellement. Car son cachet suprême,
Où qu'il se grave, reste, et pour l'éternité.

Ce qui d'elle jaillit sans intermédiaires,
Soustrait à l'action des causes secondaires,
Se meut dans une entière et pleine liberté,

Et lui ressemble mieux; pour ce, doit mieux lui plaire;
Car l'amour créateur, qui toute chose éclaire,
Est plus vif dans ce qui lui ressemble le plus.

Di tutte queste cose s' avvantaggia
L' umana creatura, e s' una manca,
Di sua nobilità convien che caggia.

Solo il peccato è quel che la disfranca,
E falla dissimile al Sommo Bene,
Perchè del lume suo poco s' imbianca;

Ed in sua dignità mai non riviene,
Se non rïempie dove colpa vota,
Contra mal dilettar con giuste pene.

Vostra natura quando peccò *tota*
Nel seme suo, da queste dignitadi,
Come di Paradiso fu remota:

Nè ricovrar poteasi, se tu badi
Ben sottilmente, per alcuna via,
Senza passar per un di questi guadi:

O che Dio solo, per sua cortesia,
Dimesso avesse, o che l' uom per sè isso
Avesse soddisfatto a sua follia.

Ficca mo l' occhio perentro l' abisso
Dell' eterno consiglio, quanto puoi
Al mio parlar distrettamente fisso

L'être humain réunit tous ces dons en partage (4);
Et que d'un seul d'entre eux il perde l'avantage,
Il déchoit : de son rang lui-même s'est exclus.

Le péché l'asservit en le rendant coupable;
Le péché seul le rend au Vrai Bien dissemblable
En éteignant en lui ses plus lumineux traits.

Dès lors il ne peut plus jusqu'à son rang sublime
Remonter, qu'en comblant le gouffre ouvert du crime,
Opposant une peine à ses plaisirs mauvais.

Or, quand l'humanité se fut toute souillée
En son germe, elle fut à la fois dépouillée
Et de son Paradis et de ces nobles biens,

Sans pouvoir désormais recouvrer cette joie,
Si tu veux y songer, et par aucune voie,
A moins que d'employer l'un de ces deux moyens :

Il fallait ou que Dieu, par sa grâce suprême,
Remît la faute, ou bien que l'homme par lui-même
Satisfît la justice et payât son péché.

Pour plonger à présent tes yeux jusqu'en l'abîme
Où se cache de Dieu la sagesse sublime,
Reste attentivement à ma voix attaché.

Non potea l' uomo ne' termini suoi
Mai soddisfar, per non potere ir giuso
Con umiltate, obbediendo poi,

Quanto disubbidendo intese ir suso:
E questa è la ragion, perchè l' uom fue
Da poter soddisfar, per sè dischiuso.

Dunque a Dio convenìa con le vie sue
Riparar l' uomo a sua intera vita,
Dico con l' una, o ver con ambedue.

Ma, perchè l' opra tanto è più gradita
Dell' operante, quanto più appresenta
Della bontà del cuore, ond' è uscita;

La divina bontà, che 'l mondo imprenta,
Di proceder per tutte le sue vie
A rilevarvi suso fu contenta:

Nè tra l' ultima notte, e 'l primo die
Sì alto e sì magnifico processo,
O per l' una, o per l' altro fue, o fie.

Che più largo fu Dio a dar sè stesso,
In far l' uom sufficiente a rilevarsi:
Che s' egli avesse sol da sè dimesso.

CHANT VII.

Être limité, l'homme à sa dette terrible
Ne pouvait satisfaire : il n'était pas possible
Qu'il s'abaissât autant par sa soumission,

Qu'il voulait se grandir par désobéissance ;
Et ce fut la raison de l'humaine impuissance
A donner au péché son expiation.

Donc pour restituer l'homme en ses pures joies,
Il ne fallait rien moins que les divines voies :
Ou justice ou clémence, ou bien toutes les deux (5).

Mais l'œuvre étant d'autant plus chère à qui l'a faite
Qu'elle reproduit mieux une image parfaite
Du cœur dont elle émane et le reflète mieux,

La divine Bonté, qui s'empreint sur le monde,
Daignant vous relever de la chute profonde,
Se plut à procéder par les deux à la fois.

Depuis le premier jour jusqu'à la nuit dernière,
Rien ne fut, et jamais rien ne sera, mon frère,
Fait d'aussi grand par l'une ou l'autre de ces lois.

Dieu fut plus généreux en se donnant lui-même
Pour que l'homme suffît à purger l'anathème,
Que s'il eût seulement daigné lui pardonner.

E tutti gli altri modi erano scarsi
Alla giustizia, se 'l Figliuol di Dio
Non fosse umiliato ad incarnarsi.

Or, per empierti bene ogni disio,
Ritorno a dichiarare in alcun loco,
Perchè tu veggi lì così, com' io.

Tu dici: Io veggio l' aere, io veggio 'l foco,
L' acqua, e la terra, e tutte lor misture
Venire a corruzione, e durar poco:

E queste cose pur fur creature:
Per che se ciò ch' ho detto, è stato vero
Esser dovrian da corruzion sicure.

Gli Angeli, frate, e 'l paese sincero,
Nel qual tu se', dir si posson creati,
Sì come sono in loro essere intero:

Ma gli elementi, che tu hai nomati,
E quelle cose, che dir lor si fanno,
Da creata virtù sono informati.

Creata fu la materia, ch' egli hanno:
Creata fu la virtù informante
In queste stelle, ch' intorno a lor vanno.

Et de tout autre mode eût souffert la justice.
Le fils de Dieu devait, s'offrant en sacrifice,
S'humilier pour vous jusques à s'incarner.

Mais afin qu'il ne reste en ton âme aucun doute,
Pour t'éclaircir un point, je reviens sur ma route.
Je veux qu'à ton esprit tout soit clair comme à moi.

Tu te dis : Je vois l'air, le feu, l'onde et la terre,
Et tous leurs composés; et chacun d'eux s'altère,
De la corruption tous subissent la loi.

Ces choses sont pourtant de Dieu les créatures,
Et de corruption devraient demeurer pures,
Si ce que je t'ai dit était la vérité (6).

Ce qu'on peut appeler créés, ce sont les anges,
Mon frère, et ces pays du Ciel, purs, sans mélanges;
Dieu les créa vraiment dans leur intégrité.

Mais les quatre éléments, ainsi que chaque chose
Qui de ces éléments combinés se compose,
D'une cause médiate ils ont été formés (7).

Dieu créa seulement leur matière native,
Créant en même temps la force informative
Dans ces astres divers autour d'eux allumés.

L' anima d' ogni bruto, e delle piante
Di complession potenziata tira
Lo raggio e 'l moto delle luci sante.

Ma nostra vita senza mezzo spira
La somma benignanza, e l' innamora
Di sè, sì che poi sempre la disira.

E quinci puoi argomentare ancora
Vostra resurrezion, se tu ripensi
Come l' umana carne fessi allora,

Che li primi parenti intrambo fensi.

L'âme des végétaux, comme l'âme des bêtes,
Naît potentiellement au feu de ces planètes,
Leur empruntant la vie avec le mouvement.

Mais à nous le Dieu bon nous insuffle notre être
Sans intermédiaire, et pour lui nous pénètre
D'un amour qui vers lui monte éternellement.

«Partant de là, tu peux te démontrer sans peine
La résurrection, pour peu qu'il te souvienne
Comment l'humaine chair fut faite dans le temps

Où naquirent au jour nos deux premiers parents (8). »

NOTES DU CHANT VII.

(1) Tercet composé de mots latins et hébreux. Bien qu'empruntés les uns et les autres aux prières de l'Église, ils ne forment pas un texte sacré proprement dit. Le sens est celui-ci : Salut, oh Dieu saint des armées qui illumines de ta clarté les heureuses splendeurs de ces royaumes !

(2) « Il entend que la lumière ou splendeur de Justinien s'était augmentée de la moitié pour avoir usé la vertu de charité à l'endroit de Dante » (Grangier).

(3) Littéralement : Rien qu'à B et à I C E. La première et les dernières lettres du nom de Béatrice.

(4) Tous ces dons : éternité, liberté, ressemblance avec son Créateur.

(5) Le texte dit seulement, dans sa concision enveloppée : Il ne fallait rien moins que les deux voies de Dieu, l'une ou l'autre, ou toutes les deux. Mais l'Écriture sainte nous apprend que les voies de Dieu sont la miséricorde et la justice. *Universa via Domini misericordia et veritas* (Psalmiste).

(6) Si ce que je t'ai dit est vrai de l'éternité des créatures émanées de Dieu et marquées à son empreinte.

(7) Ainsi Béatrice établit une distinction entre les êtres émanés directement de Dieu et ceux qui ne procèdent de lui qu'indirectement.

(8) La chair humaine tirée d'un peu de terre par un acte direct et immédiat de la volonté divine, n'a pu être sujette à corruption qu'en tombant dans le péché. En ayant été rachetée, elle doit rentrer en possession de cette éternité assurée aux créatures directes de Dieu.

ARGUMENT DU CHANT VIII.

Du Ciel de Mercure, le poëte monte dans le Ciel de Vénus, séjour des purs amants et des parfaits amis. Il ne s'est aperçu de son ascension qu'à la beauté de Béatrice, qui resplendit toujours plus de sphère en sphère. Rencontre de Charles-Martel, roi de Hongrie. Sur quelques mots échappés à Charles-Martel contre son frère Robert, le poëte lui demande comment un fils peut ne pas ressembler à son père. L'esprit résout devant lui ce problème.

CANTO OTTAVO.

Solea creder lo mondo in suo periclo,
Che la bella Ciprigna il folle amore
Raggiasse, volta nel terzo epiciclo;

Per che non pure a lei faceano onore
Di sacrificj, e di votivo grido
Le genti antiche nell' antico errore:

Ma Dione onoravano, e Cupido,
Quella per madre sua, questo per figlio,
E dicean, ch' ei sedette in grembo a Dido:

E da costei, ond' io principio piglio,
Pigliavano 'l vocabol della stella,
Che 'l Sol vagheggia or da coppa, or da ciglio.

CHANT HUITIÈME.

Le monde crut, au temps de son profane cycle,
Que la belle Cypris, du troisième épicycle (1),
Dardait sur les humains les folâtres amours.

Non contentes d'offrir des vœux, des sacrifices,
A cette déité féconde en maléfices,
Les nations, dans cette erreur des anciens jours,

Adoraient avec elle et son fils et sa mère :
Dionée et Cupidon, ce dieu que leur chimère
Crut un jour voir pressé sur le cœur de Didon (2);

Et l'on donnait le nom de la belle déesse
A l'astre que Phébus enamouré caresse
Dès l'aube, et qu'il poursuit de son dernier rayon (3).

Io non m' accorsi del salire in ella :
Ma d' esserv' entro mi fece assai fede
La donna mia, ch' io vidi far più bella.

E come in fiamma favilla si vede,
E come in voce voce si discerne,
Quando una è ferma, e l' altra va e riede,

Vid' io in essa luce altre lucerne
Muoversi in giro più e men correnti,
Al modo, credo, di lor viste eterne.

Di fredda nube non disceser venti,
O visibili, o no, tanto festini,
Che non paressero impediti e lenti,

A chi avesse quei lumi divini
Veduto a noi venir, lasciando 'l giro
Pria cominciato in gli alti Serafini :

E dietro a quei, che più 'nnanzi appariro,
Sonava Osanna, sì che unque poi
Di riudir non fui sanza disiro.

Indi si fece l' un più presso a noi,
E solo incominciò : Tutti sem presti
Al tuo piacer, perchè di noi ti gioi.

CHANT VIII.

Dans cet astre comment je montai ; je l'ignore.
Mais je vis s'embellir la Dame que j'adore :
De notre ascension ce fut mon sûr garant.

De même qu'en la flamme on suit une étincelle ;
Qu'en un duo de voix, chaque voix se décèle,
L'une filant le son, l'autre allant et venant :

Dans l'astre clair je vis d'autres clartés mobiles
Qui se mouvaient en rond, ou plus ou moins agiles,
Suivant leur rang, je crois, dans l'éternel séjour.

Jamais n'ont descendu du haut d'un froid nuage,
Ou visibles ou non, les vents semant l'orage,
D'un vol si prompt qu'il n'eût semblé tardif et lourd

A quiconque eût pu voir chaque lumière heureuse
Venir à nous, brisant la ronde harmonieuse
Dont le branle commence au Ciel des séraphins.

Derrière les premiers de l'essaim qui s'empresse,
L'Hosanna résonna t, et si doux, que sans cesse
Je retourne en désir à ces accents divins.

Alors un des esprits, se détachant des autres :
« Nous sommes tout à toi : tes désirs sont les nôtres,
Dit-il ; ainsi, de nous use à discrétion.

Noi ci volgiam co' Principi celesti
D' un giro, d' un girare, e d' una sete,
A' quali tu nel mondo già dicesti:

Voi, che intendendo il terzo Ciel movete:
E sem sì pien d' amor, che per piacerti,
Non fia men dolce un poco di quïete.

Poscia che gli occhi miei si furo offerti
Alla mia donna riverenti, ed essa
Fatti gli avea di sè contenti e certi,

Rivolsersi alla luce, che promessa
Tanto s' avea; e Di', chi siete, fue
La voce mia di grande affetto impressa.

Oh quanta, e quale vid' io lei far piùe
Per allegrezza nuova che s' accrebbe,
Quand' io parlai, all' allegrezze sue:

Così fatta mi disse: Il mondo m' ebbe
Giù poco tempo: e se più fosse stato,
Molto sarà di mal, che non sarebbe.

La mia letizia mi ti tien celato,
Che mi raggia dintorno, e mi nasconde,
Quasi animal di sua seta fasciato.

Pleins d'une même ardeur, dans la même carrière
Nous tournoyons avec ces princes de lumière
Auxquels tu fis un jour cette invocation :

Moteurs intelligents de la troisième sphère (4)!
Et nous sommes si pleins d'amour que pour te plaire
Un instant de repos nous sera doux aussi. »

Mes yeux avec respect sur les yeux de ma Dame
Se lèvent à ces mots, et d'abord qu'à leur flamme
Se fut tranquillisé mon cœur et réjoui,

Me retournant soudain vers l'âme lumineuse
Qui m'avait tant promis : « Eh bien donc, âme heureuse!
Qui donc es-tu, lui dis-je, en parlant tendrement? »

Oh! comme je la vis étinceler plus belle!
Il semblait qu'un transport d'allégresse nouvelle
Avait grandi sa joie et son rayonnement!

Ainsi resplendissant l'esprit dit : « Si ma vie
Trop courte, hélas! de jours eût été plus remplie,
Bien du mal adviendra que j'aurais empêché.

Je suis enveloppé dans l'éclat de ma joie
Comme une chrysalide en ses voiles de soie.
La splendeur qu'elle darde à tes yeux m'a caché.

Assai m'amasti, ed avesti bene onde:
Chè, s'io fossi giù stato, io ti mostrava
Di mio amor più oltre, che le fronde.

Quella sinistra riva, che si lava
Di Rodano, poich' è misto con Sorga,
Per suo signore a tempo m'aspettava:

E quel corno d'Ausonia, che s'imborga
Di Bari, di Gaeta, e di Crotona,
Da onde Tronto e Verde in mare sgorga.

Fulgeami già in fronte la corona
Di quella terra che 'l Danubio riga,
Poi che le ripe Tedesche abbandona:

E la bella Trinacria, che caliga
Tra Pachino e Peloro sopra 'l golfo,
Che riceve da Euro maggior briga,

Non per Tifèo, ma per nascente solfo;
Attesi avrebbe li suoi regi ancora
Nati per me di Carlo, e di Ridolfo,

Se mala signoria, che sempre accuora
Li popoli suggetti, non avesse
Mosso Palermo a gridar: Mora, mora.

Tendrement tu m'aimais. Et tu fis bien, mon frère,
Car si j'étais resté plus longtemps sur la terre,
Mon amour t'aurait pu donner mieux que sa fleur.

Cette plage que baigne à sa gauche le Rhône (5),
Après qu'il s'est mêlé dans les flots de la Saône,
M'attendait en un temps pour son maître et seigneur.

Et cette pointe aussi de l'antique Ausonie (6)
Où s'élèvent Gaëte et Crotone et Barie,
D'où plongent dans la mer le Verde et le Tronto.

Et déjà sur mon front brillait une couronne
En ce pays pour qui le Danube abandonne
Le sol tudesque et qu'il baigne de sa verte eau (7).

Cette contrée aussi, la belle Trinacrie,
Qui sur le golfe où souffle Eurus avec furie,
De Pachin à Pélore, a les cieux assombris,

Non par Typhé, mais par le souffre qu'elle exhale,
Elle eût aussi gardé la couronne royale
Au vieux sang de Rodolphe et de Charle, à mes fils (8),

N'était le mauvais joug qui soulève la haine
Et qui poussa Palerme à secouer la chaîne,
En jetant son grand cri : Mort, mort à l'étranger (9)!

E se mio frate questo antivedesse,
L' avara povertà di Catalogna
Già fuggiria, perchè non gli offendesse:

Chè veramente provveder bisogna
Per lui, o per altrui, sì ch'a sua barca
Carica più di carco non si pogna:

La sua natura, che di larga parca
Discese, avria mestier di tal milizia,
Che non curasse di mettere in arca.

Perocch' io credo, che l' alta letizia,
Che 'l tuo parlar m' infonde, signor mio,
Ov' ogni ben si termina, e s' inizia;

Per te si veggia, come la vegg' io;
Grata m' è più; e anche questo ho caro,
Perchè 'l discerni, rimirando in Dio.

Fatto m' hai lieto; e così mi fa chiaro,
Poichè parlando a dubitar m' hai mosso,
Come uscir può di dolce seme amaro.

Questo io a lui, ed egli a me: S' io posso
Mostrarti un vero, a quel che tu dimandi,
Terrai 'l viso, come tieni 'l dosso.

CHANT VIII.

Et si Robert, mon frère, avait plus de prudence,
Il fuirait au plus tôt la rapace indigence
De ses chers Catalans qui lui sont un danger (10).

Car vraiment il est temps qu'à défaut du monarque
D'autres prennent le soin de soulager sa barque,
Au lieu de la charger d'un poids toujours plus fort.

Né d'un sang généreux, mais que son avarice
Dément, il lui faudrait au moins une milice
Qui n'aurait point souci d'emplir son coffre-fort. »

« Je crois, mon cher seigneur, que l'allégresse extrême
Dont m'inonde ta voix, dans le sein de Dieu même
Qui de toute allégresse est la source et la fin,

Avec moi tu la sens; elle m'en est plus chère.
Et ce que tu me dis m'est cher aussi, mon frère,
Parce que tu le vois dans le miroir divin.

Tu m'as rempli de joie : éclaire-moi de même;
Car tu m'as, en parlant, jeté dans ce problème :
Comment peut d'un bon grain sortir un fruit amer (11)? »

Ainsi dis-je; il répond : « Que sous tes yeux je place
Rien qu'une vérité, tu tourneras la face
Où tu tournes le dos, et tes yeux verront clair.

Lo Ben, che tutto 'l regno, che tu scandi,
Volge e contenta, fa esser virtute
Sua provvidenza in questi corpi grandi:

E non pur le nature provvedute
Son nella mente, ch' è da sè perfetta,
Ma esse insieme con la lor salute.

Per che quantunque questo arco saetta,
Disposto cade a provveduto fine,
Sì come cocca in suo segno diretta.

Se ciò non fosse, il Ciel, che tu cammine,
Producerebbe sì li suoi effetti,
Che non sarebbero arti, ma ruine:

E ciò esser non può, se gl' intelletti,
Che muovon queste stelle, non son manchi,
E manco 'l primo, che non gli ha perfetti:

Vuo' tu che questo ver più ti s' imbianchi?
Ed io: Non già; perchè impossibil veggio,
Che la Natura, in quel ch' è uopo, stanchi.

Ond' egli ancora: Or di', sarebbe il peggio
Per l' uomo in terra, se non fosse cive?
Sì, rispos' io, e qui ragion non cheggio.

Le Bien qui réjouit et qui meut en cadence
Les Cieux que tu gravis, fait de sa providence
Au sein de ces grands corps une active vertu.

Non-seulement dans sa parfaite prévoyance
Tous les êtres créés sont ordonnés d'avance;
A leur salut aussi sa sagesse a pourvu.

Et tout ce que cet arc décoche dans le monde
Vole, prédestiné, vers une fin profonde,
Comme le trait qui court dirigé vers le but.

S'il n'en était ainsi, le Ciel où tu chemines
N'offrirait pour effets que débris et ruines,
Et ses œuvres manqués tomberaient au rebut:

Chose impossible, à moins d'estimer imparfaites
Les substances des Cieux, la main qui les a faites,
Et qui n'aurait pas su les faire sans défaut.

Or cette vérité, la veux-tu plus sensible?»
— «Non, dis-je, car il est, je le sens, impossible
Que la Nature manque aux choses qu'il lui faut.»

Lui de répondre: «Or ça, serait-ce un mal, mon frère,
Que l'homme ne fût pas citoyen sur la terre?»
— «Oui, fis-je, et la raison je l'entends sans effort.»

8.

E può egli esser, se giù non si vive
Diversamente, per diversi ufici?
No: se' il maestro vostro ben vi scrive.

Sì venne deducendo insino a quici:
Poscia conchiuse: Dunque esser diverse
Convien, de' vostri effetti, le radici:

Perchè un nasce Solone, ed altro Serse,
Altro Melchisedech, ed altro quello,
Che volando per l' aere, il figlio perse.

La circular Natura, ch' è suggello
Alla cera mortal, fa ben su' arte,
Ma non distingue l' un dall' altro ostello.

Quinci addivien, ch' Esaù si diparte
Per seme da Jacob; e vien Quirino
Da sì vil padre, che si rende a Marte.

Natura generata il suo cammino.
Simil farebbe sempre a' generanti,
Se non vincesse il provveder divino.

Or quel, che t' era dietro, t' è davanti;
Ma perchè sappi, che di te mi giova,
Un corollario voglio, che t' ammanti.

— « Et peut-elle exister, la cité politique,
A des métiers divers si chacun ne s'applique?
Non, n'est-ce pas, à moins qu'Aristote ait eu tort? »

De ses déductions épuisant l'évidence,
Il conclut de la sorte : Il faut, en conséquence,
Une cause diverse à des effets divers.

Ainsi tel naît Solon, tel Xerxès, un troisième
Melchisédec ou bien Dédale, celui même
Qui vit périr son fils élancé dans les airs.

L'œuvre est toujours parfait de ces Cieux en voyage
Qui sur la cire humaine imprégnent leur image,
Mais ils n'observent pas l'origine ou le lieu.

De là vient qu'Esaü diffère de son frère,
Tandis que Quirinus (12) rougit tant de son père
Que pour père à sa place il se choisit un dieu.

La nature engendrée, on doit bien le comprendre,
Serait toujours semblable à celle qui l'engendre
Sans les Cieux dont l'influx prévaut sur cette loi.

De face maintenant la lumière t'éclaire;
Mais de ma bouche encor reçois ce corollaire,
En gage du plaisir que je trouve avec toi.

Sempre Natura, se fortuna truova
Discorde a sè, come ogni altra semente,
Fuor di sua region, fa mala pruova.

E se 'l mondo laggiù ponesse mente
Al fondamento, che Natura pone,
Seguendo lui, avria buona la gente.

Ma voi torcete alla religïone
Tal, che fu nato a cingersi la spada,
E fate re di tal, ch'è da sermone:

Onde la traccia vostra è fuor di strada.

Toute nature, quand le sort la contrarie,
Porte de mauvais fruits, dans son germe flétrie,
Comme un grain transplanté hors de son vrai terrain.

Si le monde observait pour chaque créature
Le premier fondement que pose la Nature
Et s'il s'y conformait, il aurait de bon grain.

Mais en religion pour le froc on élève
Tel que le Ciel avait fait naître pour le glaive;
L'on fait un roi de tel qui naquit pour prêcher.

De là vient qu'au hasard on vous voit trébucher. »

NOTES DU CHANT VIII.

(1) Les épicycles, dans le système de Ptolémée, sont les petits cercles dans lesquels chaque planète se meut d'Occident en Orient, tandis qu'elle est emportée d'Orient en Occident par le premier Mobile.

(2) Caché sous les traits d'Ascagne, l'Amour reçut les caresses de Didon (voy. *Énéide*, livre I).

(3) Vénus, l'étoile du matin et l'étoile du soir.

(4) Commencement de la première canzone que Dante a commentée dans le Convito. La troisième sphère est le Ciel de Vénus.

(5) La Provence.

(6) La Sicile.

(7) La Hongrie.

(8) La Sicile, au lieu de se révolter et de se donner à Pierre d'Aragon, aurait gardé la couronne pour ses rois légitimes, pour mes fils, sang de Charles Ier, mon aïeul, et de l'empereur Rodolphe, père de mon épouse Clémence.

(9) Lors des vêpres siciliennes.

(10) Robert, qui succéda à son frère Charles-Martel dans le comté de Provence et le royaume de Naples, en évinçant les fils de ce prince, avait confié à des amis amenés de Catalogne les premières charges de l'État.

(11) Puisque Robert était avare, quand son père était généreux.

(12) Romulus, fils de Rhéa Sylvia et du dieu Mars.

ARGUMENT DU CHANT IX.

Entretien de Dante d'abord avec Cunizza, sœur d'Ezzelino de Romano, tyran de la Marche de Trévise, qui prédit les malheurs de sa patrie, ensuite avec Foulques de Marseille.

CANTO NONO.

Dapoichè Carlo tuo, bella Clemenza,
M' ebbe chiarito, mi narrò gl' inganni,
Che ricever dovea la sua semenza.

Ma disse: Taci, e lascia volger gli anni:
Sì ch' io non posso dir; se non che pianto
Giusto verrà dirietro a' vostri danni.

E già la vita di quel lume santo
Rivolta s' era al Sol, che la riempie,
Come a quel ben, ch' ad ogni cosa è tanto.

Ahi anime ingannate, e fatue ed empie,
Che da sì fatto ben torcete i cuori,
Drizzando in vanità le vostre tempie!

CHANT NEUVIÈME.

Quand ton Charles-Martel, belle reine Clémence (1)!
M'eut éclairci ce point, de sa triste semence
Il me prophétisa la chute et les malheurs (2).

Mais il me dit : « Tais-toi, laisse aller les années! »
Un mot donc seulement : Têtes découronnées,
Le tort que l'on vous fait sera payé de pleurs!

Et derechef déjà cette sainte lumière
Se tournait au Soleil qui l'emplit tout entière,
Ainsi qu'il remplit tout : vers le Bien souverain!

Ah! mortels insensés! Ah! folie et blasphème,
Qui détourne vos cœurs loin de ce Bien suprême
Et sur les vanités dresse vos fronts d'airain!

Ed ecco un altro di quegli splendori
Ver me si fece, e 'l suo voler piacermi
Significava nel chiarir di fuori.

Gli occhi di Beatrice, ch' eran fermi
Sovra me, come pria, di caro assenso
Al mio disio certificato fèrmi:

Deh metti al mio voler tosto compenso,
Beato spirto, dissi, e fammi pruova,
Ch' io possa in te rifletter quel ch' io penso.

Onde la luce, che m'era ancor nuova,
Del suo profondo, ond' ella pria cantava,
Seguette, come a cui di ben far giova.

In quella parte della terra prava
Italica, che siede intra Rialto,
E le fontane di Brenta e di Piava;

Si leva un colle, e non surge molt' alto,
Là onde scese già una facella,
Che fece alla contrada grande assalto;

D' una radice nacqui, ed io ed ella:
Cunizza fui chiamata, e qui rifulgo
Perchè mi vinse il lume d' esta stella.

CHANT IX.   147

Et voilà que vers moi se détache plus claire
Une autre des splendeurs, empressée à me plaire.
Son éclat me disait sa bonne volonté.

Les yeux de Béatrix fixés sur mon visage,
Ainsi qu'auparavant me donnaient le courage
Et semblaient approuver ma curiosité.

« Ah! réponds sur le champ à ce que je souhaite,
Criai-je, et donne moi la preuve, âme parfaite!
Que le vœu de mon cœur en toi se réfléchit. »

Alors des profondeurs où sa voix immortelle
Chantait, cette lumière à mes regards nouvelle
Avec empressement en ces mots répondit :

« Dans ce coin malheureux de l'Italie esclave,
Sis entre le Rialte et les monts où la Piave
Prend sa source à côté de sa sœur la Brenta,

S'élève une colline aisément accessible,
D'où jadis descendit une torche terrible (3)
Et qui dans le pays grand ravage porta.

Nous cûmes, cette torche et moi, même origine.
Cunizza fut mon nom. Et Cypris m'illumine
Parce que me vainquit l'étoile de Cypris.

Ma lietamente a me medesma indulgo
La cagion di mia sorte, e non mi noia:
Che forse parria forte al vostro vulgo.

Di questa luculenta e chiara gioia
Del nostro Cielo, che più m' è propinqua,
Grande fama rimase, e pria che muoia,

Questo centesim' anno ancor s' incinqua:
Vedi se far si dee l' uomo eccellente,
Sì ch' altra vita la prima relinqua:

E ciò non pensa la turba presente,
Che Tagliamento, ed Adice richiude,
Nè per esser battuta ancor si pente.

Ma tosto fia, che Padova al palude
Cangerà l' acqua che Vicenza bagna,
Per essere al dover le genti crude.

E dove Sile, e Cagnan s' accompagna,
Tal signoreggia, e va con la testa alta,
Che già per lui carpir si fa la ragna.

Piangerà Feltro ancora la diffalta
Dell' empio suo Pastor, che sarà sconcia
Sì, che per simil non s' entrò in Malta.

Mais, bienheureuse ici, j'excuse ma faiblesse.
La cause de mon sort nul regret ne me laisse :
Chose étrange peut-être à vos faibles esprits (4).

Regarde auprès de moi cette sainte lumière,
Ce joyau radieux dont notre étoile est fière (5) ;
Son renom est resté par delà le tombeau.

Cinq siècles ne pourront effacer sa mémoire.
Vois donc si l'homme a tort d'aspirer à la gloire
Pour que, sa vie éteinte, il vive de nouveau !

Ce n'est pas aujourd'hui le penser qui dirige
Ceux que le Tagliament' environne et l'Adige.
Ils sont frappés ; pourtant leur cœur ne se rend pas.

Mais Padoue, avant peu contrainte à pénitence,
Empourprera l'étang où se baigne Vicence :
Châtiment mérité d'indignes attentats!

Et tel, en ce pays où coulent côte à côte
Le Sile et le Cagnan, règne et va tête haute,
Pour qui s'ourdit le fil où son pied se prendra.

Et Feltre aussi devra pleurer l'ignominie
D'un indigne pasteur : si noire félonie
Qu'il n'en entra jamais de semblable à Malta (6) !

Troppo sarebbe larga la bigoncia,
Che ricevesse 'l sangue ferrarese,
E stanco chi 'l pesasse ad oncia ad oncia,

Che donerà questo prete cortese,
Per mostrarsi di parte : e cotai doni
Conformi fieno al viver del paese.

Su sono specchi, voi dicete Troni,
Onde rifulge a noi Dio giudicante,
Sì che questi parlar ne paion buoni.

Qui si tacette, e fecemi sembiante,
Che fosse ad altro volta, per la ruota
In che si mise, com' era davante.

L' altra letizia, che m' era già nota,
Preclara cosa mi si fece in vista,
Qual fin balascio, in che lo Sol percuota.

Per letiziar lassù fulgor s' acquista,
Sì come riso qui : ma giù s' abbuia
L' ombra di fuor, come la mente è trista.

Dio vede tutto, e tuo veder s' inluia,
Diss' io, beato spirto, sì che nulla
Voglia di sè a te puote esser fuia.

Où trouver un cuvier assez grand, une jarre
Pour contenir le sang qu'alors perdra Ferrare?
Trop fatigué celui qui voudrait le peser

Le sang que livrera la main de ce bon prêtre,
Pour témoigner son zèle; et ce présent d'un traître
Sur les mœurs du pays il pourra s'excuser.

Là-haut sont des miroirs (vous les appelez Trônes)
D'où les conseils de Dieu, qui brillent dans ces zônes,
Se reflètent en nous. Crois donc ce que j'ai dit!»

Ici l'esprit se tut, et soudain, à ma vue,
Il s'absorba dedans la ronde interrompue
Et comme auparavant à son rang resplendit.

L'autre âme que venait d'indiquer la première
Brilla sur le moment d'une vive lumière,
Ainsi qu'un fin rubis frappé par le soleil.

Par la joie ici-bas comme éclate le rire
Là-haut c'est la splendeur, tandis qu'au sombre empire
Chaque ombre porte un deuil au deuil du cœur pareil.

«Dieu voit tout, m'écriai-je, et ta vue en Dieu plonge.
Il n'est aucun désir, âme heureuse! aucun songe
Qui soit obscur pour toi, lorsqu'il est vu de lui.

Dunque la voce tua, che 'l Ciel trastulla
Sempre col canto di que' fuochi pii,
Che di sei ale fannosi cuculla,

Perchè non soddisface a' miei disii?
Già non attendere' io tua dimanda,
S' io m' intuassi, come tu t' immii.

La maggior valle in che l' acqua si spanda,
Incominciaro allor le sue parole,
Fuor di quel mar, che la terra inghirlanda,

Tra discordanti liti contra 'l Sole
Tanto sen va, che fa meridiano
Là dove l'-orizzonte pria far suole.

Di quella valle fu' io littorano
Tra Ebro e Macra, che per cammin corto
Lo Genovese parte dal Toscano.

Ad un occaso quasi e ad un orto
Buggea siede, e la terra, ond' io fui,
Che fe' del sangue suo già caldo il porto.

Folco mi disse quella gente, a cui
Fu noto il nome mio: e questo Cielo
Di me s' imprenta, com' io fe' di lui:

D'où vient donc que ta voix, qui réjouit les anges,
Mêlée au chœur brûlant de ces saintes phalanges
A qui le Ciel donna six ailes pour étui,

D'où vient qu'elle se tait dans mon désir extrême?
Si je voyais en toi comme toi dans moi-même,
Sans être interrogé, je t'aurais répondu. »

— « Le plus large bassin où s'épanche à flots l'onde
De cette mer qui fait la ceinture du monde,
Me répondit l'esprit qui m'avait entendu,

Entre deux continents couvre un si grand espace
Du côté du soleil, qu'au méridien il place
L'horizon qu'il avait, sortant de l'océan (7).

Je naquis riverain de ce val, entre l'Èbre
Et l'étroite Magra, dont le cours moins célèbre
Sépare la Toscane et le Génovésan.

Sous même méridien, presqu'à distance égale,
S'élèvent et Bougie et ma terre natale
Dont le port fut jadis du sang des siens rougi (8).

Foulques était le nom sous lequel sur la terre
Je me suis fait connaître; et ce Ciel qui m'enserre
S'empreint ici de moi, comme j'ai fait de lui.

9.

Chè più non arse la figlia di Belo,
Noiando ed a Sicheo ed a Creusa,
Di me, infin che si convenne al pelo:

Nè quella Rodopea, che delusa
Fu da Demofoonte, nè Alcide,
Quando Iole nel cuore ebbe richiusa.

Non però qui si pente, ma si ride,
Non della colpa, ch' a mente non torna,
Ma del valore; ch' ordinò e provvide.

Qui si rimira nell' arte, ch' adorna
Con tanto affetto, e discernesi il bene,
Perchè al mondo di su quel di giù torna.

Ma perchè le tue voglie tutte piene
Ten porti, che son nate in questa spera,
Procedere ancor oltre mi conviene.

Tu vuoi saper chi è 'n questa lumiera,
Che qui appresso me così scintilla,
Come raggio di Sole in acqua mera.

Or sappi, che là entro si tranquilla
Raab, ed a nostr' ordine congiunta,
Di lei nel sommo grado si sigilla.

Car jamais, outrageant et Créuse et Sichée,
De plus de feux que moi Didon ne fut touchée
Tant que me le permit mon âge en sa vigueur;

Ni cette infortunée et tendre Rodopée
Qui par Démophoon fut séduite et trompée,
Ni l'Alcide autrefois, quand Iole eut son cœur.

Mais ici nul remords. Notre âme est réjouie
Non pas de ses péchés dont le penser s'oublie,
Mais de cette vertu qui sait tout ordonner.

Nous admirons un art dont l'effet est sublime,
Et découvrons ce bien par qui le monde infime
Des fanges de la terre au Ciel peut retourner (9).

Mais pour te contenter, et pour bien satisfaire
Tes désirs curieux formés dans notre sphère,
Avec plaisir encor j'ajoute quelques mots :

Tu veux savoir quelle âme est dans cette lumière
Que tu vois près de moi scintiller là derrière
Comme un rays de soleil sur de limpides flots.

Or c'est là qu'à jamais, dans sa paix réjouie,
Est l'âme de Raab. Dans notre confrérie
A la plus belle place éclate sa splendeur.

Da questo Cielo, in cui l' ombra s' appunta,
Che 'l vostro mondo face, pria ch' altr' alma
Del trionfo di Cristo fu assunta.

Ben si convenne lei lasciar per palma
In alcun Cielo dell' alta vittoria,
Che s' acquistò con l' una e l' altra palma:

Perch' ella favorò la prima gloria
Di Josuè in su la Terra Santa,
Che poco tocca al papa la memoria.

La tua città, che di colui è pianta,
Che pria volse le spalle al suo Fattore,
E di cui è la 'nvidia tanto pianta,

Produce e spande il maladetto fiore,
C' ha disviate le pecore e gli agni,
Perocchè fatto ha lupo del pastore.

Per questo l' Evangelio e i Dottor magni
Son derelitti, e solo a i Decretali
Si studia sì, che pare a' lor vivagni.

A questo intende 'l papa e i cardinali:
Non vanno i lor pensieri a Nazzarette,
Là dove Gabriello aperse l' ali.

Dans ce Ciel où finit l'ombre de votre monde,
Avant toutes, cette âme, à nulle autre seconde,
Fit son assomption quand le Christ fut vainqueur.

Elle méritait bien qu'en un séjour de gloire
Le Sauveur la laissât, palme de la victoire
Qu'il avait sur la Croix remportée à deux mains!

Car elle seconda la première entreprise
Que tenta Josuë sur la Terre promise (10)
Dont le pape aujourd'hui ne sait plus les chemins

Frère, c'est ta cité, la tige criminelle
De qui fut le premier à son auteur rebelle
Et par sa jalousie a causé tant de pleurs;

C'est elle qui produit cette fleur qui fourvoie (11)
Les brebis, les agneaux, loin du sentier de joie
Et change les bergers en des loups ravisseurs.

Pour cette fleur maudite, aux semences fatales,
On sait lire aux feuillets usés des Décrétales;
On laisse les Docteurs, l'Évangile éternel.

Papes et cardinaux n'ont qu'une même affaire,
Et leur coupable cœur ne s'inquiète guère
De l'humble Nazareth où vola Gabriel.

Ma Vaticano, e l' altre parti elette
Di Roma, che son state cimitero
Alla milizia, che Pietro seguette,

Tosto libere fien dell' adultéro.

Mais le saint Vatican, Rome, ce cimetière
Des soldats qui suivaient la bannière de Pierre,
Ces lieux élus du Ciel, par le Ciel recouvrés,

Bientôt de l'adultère ils seront délivrés! (12)

NOTES DU CHANT IX.

(1) Fille de Charles-Martel et femme de Louis X le Hutin, roi de France. Elle vivait encore au temps où Dante écrivait ces vers.

(2) Le royaume de Naples et de Sicile fut donné à Robert, frère cadet de Charles-Martel, au détriment des enfants de ce dernier.

(3) Le tyran Ezzelino, plongé en enfer au cercle des violents (*vide* ch. XI de l'*Enfer*).

(4) Sous l'influence de Vénus, l'amour avait pu égarer d'abord Cunizza. Mais elle a bu le Léthé (v. *Purgatoire*) qui fait oublier les fautes, et elle ne se souciait au Ciel que de son amour purifié.

(5) Cunizza désigne Foulques, célèbre troubadour provençal, qui va parler tout à l'heure.

(6) L'évêque de Feltre ayant d'abord recueilli des troupes de Ferrare, qui fuyaient devant l'armée pontificale, les fit traîtreusement massacrer. — Malta, prison d'État sur le lac de Bolsène, où étaient enfermés les prêtres condamnés à perpétuité. — Toutes ces prédictions, bien entendu, Dante les fait après coup.

(7) Ce bassin c'est la Méditerranée, qui s'étend entre l'Afrique et l'Europe vers l'Orient.

(8) Marseille, assiégée par Brutus, lieutenant de César.

(9) Foulques, le ménestrel, après une jeunesse orageuse, avait aimé d'amour pur la belle et chaste Adelagia. Puis, à la mort de sa dame, accablé de douleur, il donna tout son amour à Dieu et se fit moine.

(10) Raab, courtisane de Jéricho, cacha les éclaireurs de Josué. Épargnée par le vainqueur, elle fut incorporée, elle et les siens, dans le peuple de Dieu et fit pénitence de sa vie passée.

(11) Le lis dont les monnaies de Florence portaient l'empreinte.

(12) Ils seront délivrés de Boniface VIII, époux adultère de l'Église. Boniface mourut en 1303.

ARGUMENT DU CHANT X.

Le poëte et Béatrice montent au quatrième Ciel, qui est celui du Soleil. Ils se trouvent entourés d'un cercle d'âmes resplendissantes, formant un chœur admirable de danses et de voix. Saint Thomas, l'une de ces âmes bienheureuses, désigne au poëte quelques-uns de ses compagnons.

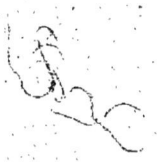

CANTO DECIMO.

Guardando nel suo Figlio con l' Amore,
Che l' uno e l' altro eternalmente spira,
Lo primo ed ineffabile Valore,

Quanto per mente, o per occhio si gira,
Con tanto ordine fe', ch' esser non puote,
Senza gustar di lui, chi ciò rimira.

Leva dunque, Lettore, all' alte ruote
Meco la vista dritto a quella parte,
Dove l' un moto all' altro si percuote:

E lì comincia a vagheggiar nell' arte
Di quel Maestro, che dentro a sè l' ama
Tanto, che mai da lei l' occhio non parte.

CHANT DIXIÈME.

Se mirant dans son Fils avec l'Amour sublime
Qui dans l'éternité tous les deux les anime,
La première Valeur, l'ineffable Moteur

A si bien ordonné, dans le cercle du monde,
Tout ce qu'embrasse l'œil, tout ce que l'esprit sonde,
Qu'on n'en peut voir l'effet sans admirer l'auteur.

De concert avec moi, relève donc ta face
Vers les sphères d'en haut, ô lecteur ! à la place
Où viennent se heurter les orbites du Ciel (1).

Et là, contemple l'art de ce Maître suprême,
Art qu'avec tant d'amour il nourrit en lui-même
Qu'il n'en peut détacher son regard éternel !

Vedi come da indi si dirama
L' obblico cerchio, che i pianeti porta
Per soddisfare al mondo, che gli chiama:

E se la strada lor non fosse torta,
Molta virtù nel Ciel sarebbe invano,
E quasi ogni potenzia quaggiù morta.

E se dal dritto più o men lontano
Fosse 'l partire, assai sarebbe manco
E giù e su dell' ordine mondano.

Or ti riman, Lettor, sovra 'l tuo banco,
Dietro pensando a ciò, che si preliba,
S' esser vuoi lieto assai prima, che stanco.

Messo t' ho innanzi: omai per te ti ciba:
Che a sè ritorce tutta la mia cura
Quella materia, ond' io son fatto scriba.

Lo ministro maggior della Natura,
Che del valor del Cielo il mondo imprenta,
E col suo lume il tempo ne misura,

Con quella parte, che su si rammenta,
Congiunto si girava per le spire,
In che più tosto ogni ora s' appresenta;

CHANT X.

Vois comme de ce point, sur une ligne oblique,
Se déroule le cercle, éclatant, magnifique (2),
Qui verse à l'univers les astres qu'il attend.

Et si leur route à tous n'était ainsi tortue,
Beaucoup de force au Ciel demeurerait perdue,
En bas tout girait mort dans un monde impotent.

Et si du cercle droit, qu'ils viennent là rejoindre (3),
Ils s'éloignaient d'un angle ou plus grand ou bien moindre,
Soudain serait rompu l'ordre du monde entier.

Ça lecteur, sur ton banc reste assis à cette heure
Et repasse en esprit les pensers que j'effleure !
Tu pourras en jouir sans te rassasier.

Je t'ai servi le mets ; nourris-t'en par toi-même ;
Moi, je suis rappelé par le soin du poëme
Que j'ai charge d'écrire et qui prend tout mon cœur.

Le premier des agents puissants de la Nature (4),
Qui du cachet du Ciel empreint la terre obscure
Et mesure le temps avecque sa splendeur,

A ce signe du Ciel que je viens de décrire
S'unissait, et tournait dans le céleste empire
Vers ce point où plus tôt on voit le jour lever.

Ed io era con lui: ma del salire
Non m' accors' io, se non com' uom s' accorge
Anzi 'l primo pensier, del suo venire:

Oh Beatrice, quella, che si scorge
Di bene in meglio sì subitamente,
Che l' atto suo per tempo non si sporge,

Quant' esser convenia da sè lucente!
Quel, ch' era dentro al Sol, dov' io entrami,
Non per color, ma per lume parvente,

Perch' io lo 'ngegno, e l' arte, e l' uso chiami,
Sì nol direi, che mai s' immaginasse:
Ma creder puossi, e di veder si brami.

E se le fantasie nostre son basse
A tanto altezza, non è maraviglia:
Chè sovra 'l Sol non fu occhio, ch' andasse.

Tal era quivi la quarta famiglia
Dell' alto Padre, che sempre la sazia,
Mostrando come spira, e come figlia.

E Beatrice cominciò: Ringrazia,
Ringrazia il Sol degli Angeli, ch' a questo
Sensibil t' ha levato per sua grazia.

Et j'étais dans son sein, sans avoir eu conscience
De mon ascension, plus qu'un homme d'avance
De sa pensée, avant qu'il la sente arriver.

Oh Béatrice, alors! cette glorieuse âme,
Du bien au mieux si prompte à monter, sainte femme!
Qu'elle passe le temps dans son vol sans pareil,

Comme elle rayonnait, elle déjà si belle!
Ce n'était pas l'effet d'une couleur nouvelle,
Mais un éclat plus grand dans l'éclat du soleil!

Pour le représenter par quelque juste image
J'appellerais en vain l'esprit, l'art et l'usage.
On peut me croire au moins et brûler de le voir.

Il n'est pas étonnant que l'imaginative
A de telles hauteurs par nul effort n'arrive.
Au dessus du Soleil qui peut rien concevoir?

Ici resplendissait, près du Père suprême,
Le quatrième chœur qu'il nourrit de lui-même,
Leur montrant dans son sein et le Fils et l'Esprit.

Et Béatrix alors : « Rends à Dieu tes louanges,
Me dit-elle, rends grâce à Dieu, soleil des anges,
Qui jusqu'en ce soleil visible t'a conduit. »

Cuor di mortal non fu mai sì digesto
A divozion, ed a rendersi a Dio,
Con tutto 'l suo gradir cotanto presto,

Com' a quelle parole mi fec' io :
E sì tutto 'l mio amore in lui si mise,
Che Beatrice eclissò nell' obblio.

Non le dispiacque : ma sì se ne rise,
Che lo splendor degli occhi suoi ridenti
Mia mente unita in più cose divise.

Io vidi più fulgor vivi e vincenti
Far di noi centro, e di sè far corona,
Più dolci in voce, che 'n vista lucenti :

Così cinger la figlia di Latona
Vedém tal volta, quando l' aere è pregno,
Sì che ritenga il fil, che fa la zona.

Nella corte del Ciel, dond' io rivegno,
Si truovan molte gioie care e belle
Tanto, che non si posson trar del regno.

E 'l canto di que' lumi era di quelle :
Chi non s' impenna sì, che lassù voli,
Dal muto aspetti quindi le novelle.

CHANT X.

Jamais âme ne fut à pieuse pensée
Mieux disposée, et plus saintement empressée
A rendre au Tout-Puissant le plus tendre merci,

Que je ne me sentis à ces mots de ma Dame,
Et dans le sein de Dieu l'amour plonger mon âme,
Si fort que Béatrix s'éclipsa dans l'oubli.

Elle n'en fut blessée et se prit à sourire.
Et si divinement ce souris fit reluire
Ses yeux, qu'à leur extase il arracha mes sens.

Alors je vois des feux dont l'éclat m'environne,
Faisant de nous un centre et d'eux une couronne,
Et plus harmonieux encor qu'éblouissants.

Ainsi l'on voit parfois la fille de Latone,
Lorsque dans l'air humide autour d'elle rayonne
Une ceinture d'or, reflet de son beau corps (5).

Dans le Ciel d'où je viens, chez les âmes heureuses
Sont de si beaux joyaux, pierres si précieuses
Qu'on ne peut les tirer de leur mine au dehors :

Telles de ces splendeurs les voix surnaturelles.
Qui pour voler là-haut ne se sent point des ailes
Interroge un muet sur ces célestes voix !

10

Poi sì cantando quegli ardenti Soli
Si fur girati intorno a noi tre volte,
Come stelle vicine a' fermi poli:

Donne mi parver non da ballo sciolte,
Ma che s' arrestin tacite, ascoltando,
Fin che le nuove note hanno ricolte:

E dentro all' un sentii cominciar: Quando
Lo raggio della grazia, onde s' accende
Verace amore, e che poi cresce, amando,

Multiplicato in te tanto risplende,
Che ti conduce su per quella scala,
U' senza risalir nessun discende:

Qual ti negasse 'l vin della sua fiala
Per la tua sete, in libertà non fora,
Se non com' acqua, ch' al mar non si cala.

Tu vuoi saper di quai piante s' infiora
Questa ghirlanda, che 'ntorno vagheggia
La bella Donna, ch' al Ciel t' avvalora:

O fui degli agni della santa greggia,
Che Domenico mena per cammino,
Du' ben s'impingua, se non si vaneggia.

Lorsque chantant ainsi, ces purs soleils, semblables
Aux astres à l'entour des pôles immuables,
Tout à l'entour de nous eurent tourné trois fois,

On eût dit à les voir de joyeuses danseuses,
Sans se quitter les mains restant silencieuses,
Et d'une autre mesure attendant le retour.

Et du sein de l'un d'eux une voix est sortie :
« Dès lors que le rayon de la grâce infinie
Où l'amour vrai s'allume et qui croît par l'amour,

Avec tant de splendeur en toi se manifeste
Que par lui tu gravis cette échelle céleste
Où qui monte une fois est sûr de remonter;

Pour ne pas à ta soif donner le vin, mon frère,
Il faudrait n'être pas plus libre de le faire
Que le flot de courir, si l'on vient l'arrêter.

Tu désires savoir quelles fleurs en couronne
Se tressent à l'entour de la belle Madone
Qui jusqu'au Paradis t'a conduit dans ses bras?

Je fus un des agneaux du saint troupeau que mène
Dominique, à travers un chemin, où, sans peine,
S'il n'erre follement, chaque agneau devient gras.

Questi, che m' è a destra più vicino,
Frate, e Maestro fummi; ed esso Alberto
È di Cologna, ed io Tomas d' Aquino.

Se tu di tutti gli altri esser vuoi certo,
Diretro al mio parlar ten' vien col viso,
Girando su per lo beato serto.

Quell' altro fiammeggiare esce del riso
Di Grazïan, che l' uno e l' altro foro
Aiutò sì, che piacque in Paradiso.

L' altro, ch' appresso adorna il nostro coro,
Quel Pietro fu, che, con la poverella
Offerse a santa Chiesa il suo tesoro.

La quinta luce, ch' è tra noi più bella,
Spira di tale amor, che tutto 'l mondo
Laggiù n' ha gola di saper novella.

Entro v' è l' alta luce, u' sì profondo
Saver fu messo, che, se 'l vero è vero,
A veder tanto non surse 'l secondo.

Appresso vedi 'l lume di quel cero,
Che giuso in carne più addentro vide
L' angelica natura, e 'l ministero.

CHANT X.

Celui-là qu'à ma droite ici tu vois paraître,
Le plus voisin de moi, fut mon frère et mon maître.
Il fut Albert le Grand, et moi, Thomas d'Aquin.

Des autres si tu veux connaître l'origine,
Nous allons parcourir la couronne divine.
Je vais te les nommer. Du regard suis-moi bien !

Gratien te sourit dans ce feu-là qui tremble.
Par lui deux droits divers s'accordèrent ensemble,
Et c'est ce qui l'a fait agréer dans le Ciel (6).

Après lui, l'ornement de notre chœur, c'est Pierre (7),
Celui qu'on vit offrir à l'Église, sa mère,
Comme un denier de pauvre, un trésor immortel.

La cinquième lumière, et de nous la plus belle,
Brûle de tant d'amour, qu'en bas, inquiet d'elle,
Le monde avidement s'enquiert de son bonheur.

Elle recèle une âme et sublime et profonde,
S'élevant en sagesse et savoir sans seconde,
Si le livre du Vrai n'a rien dit de menteur (8).

Cette flamme à côté, c'est celui qui sur terre
Des Anges a le mieux compris le ministère
Et percé la nature avec des yeux de chair (9).

10.

Nell' altra piccioletta luce ride
Quell' avvocato de' templi cristiani,
Del cui latino Agostin si provvide.

Or se tu l' occhio della mente trani
Di luce in luce dietro alle mie lode,
Già dell' ottava con sete rimani:

Per vedere ogni ben dentro vi gode
L' anima santa, che 'l mondo fallace
Fa manifesto a chi di lei ben ode;

Lo corpo, ond' ella fu cacciata, giace
Giuso in Cieldauro, ed essa da martiro,
E da esilio, venne a questa pace.

Vedi oltre fiammeggiar l' ardente spiro
D' Isidoro, di Beda, e di Riccardo,
Che a considerar fu più che viro.

Questi, onde a me ritorna il tuo riguardo,
È il lume d' uno spirto, che 'n pensieri
Gravi a morire gli parve esser tardo.

Essa è la luce eterna di Sigieri,
Che, leggendo nel vico degli Strami,
Sillogizzò invidiosi veri.

CHANT X. 175

Et cette autre lumière à côté, plus petite,
C'est l'avocat chrétien, le pieux acolyte
A qui saint Augustin a pris plus d'un éclair (10).

Ores si tu suis bien mes louanges, mon frère,
Avec les yeux du cœur, de lumière en lumière,
C'est ici la huitième où je dois m'arrêter.

En elle s'éjouit, voyant le bien céleste,
L'âme sainte qui sait rendre si manifeste
La fausseté du monde à qui veut l'écouter.

Le corps dont elle fut cruellement chassée,
A Cieldauro repose, et l'âme trépassée
De l'exil, du martyre a monté vers la paix (11).

Plus loin vois flamboyer Bède le Vénérable,
Isidore, et Richard, le mystique admirable
Pour qui la vérité n'eut pas de voile épais (12).

Et ce dernier enfin, sur qui ton œil se porte
En revenant vers moi, c'était une âme forte
Et grave, qui trouvait la mort lente à venir.

De l'immortel Siger c'est la flamme : esprit rare
Et qui syllogisa, dans la rue au Fouare,
De pures vérités qu'on a voulu noircir (13). »

Indi come orologio, che ne chiami
Nell' ora, che la sposa di Dio surge
A mattinar lo sposo, perchè l'ami:

Che l'una parte e l'altra tira ed urge,
Tin tin sonando con sì dolce nota,
Che 'l ben disposto spirto d'amor turge:

Così vid' io la glorïosa ruota
Muoversi, e render voce a voce in tempra,
Ed in dolcezza, ch' esser non può nota,

Se non colà, dove 'l gioir s'insempra.

Alors, comme une horloge aux notes argentines,
Quand par elle invitée à chanter les matines
L'Épouse du Seigneur se lève au point du jour,

Mettant en mouvement ressort et sonnerie,
Carillonne un din-din si plein de mélodie
Que le cœur se dilate et se gonfle d'amour :

Ainsi je vis la roue heureuse et glorieuse
Se mouvoir, et s'épandre en voix harmonieuse
Avec une douceur que l'on n'ouit jamais

Qu'au séjour bienheureux de l'éternelle paix.

NOTES DU CHANT X.

(1) C'est-à-dire, regarde aux signes de la Balance et du Bélier, points où le zodiaque se croise avec l'équateur.

(2) Le zodiaque.

(3) L'équateur.

(4) Le soleil.

(5) Le halo de la lune.

(6) Gratien, bénédictin bolonais, auteur de la *Concorde des canons discordants*.

(7) Pierre Lombard, surnommé le *Maître des Sentences*.

(8) Salomon. — Si le vrai est vrai, dit le texte *se 'l vero e vero*.

(9) Denis l'Aréopagite, auteur du *Cœlestis hierarchia*.

(10) On suppose qu'il veut parler de Paul Orose ou de saint Ambroise.

(11) Boèce, ministre de Théodoric, plus tard disgrâcié et livré au supplice, est l'auteur du livre de la *Consolation philosophique*. *Cieldauro* est le nom d'une église de Pavie dont la nef était d'or, et où il fut enseveli.

(12) L'illustre Bède, dit le *vénérable*, une des lumières de son temps. — Saint Isidore, savant évêque espagnol. — Richard, chanoine de Saint-Victor près Paris, un des grands mystiques du moyen âge.

(13) Siger de Brabant, fameux théologien et professeur à l'Université de Paris. Il fut accusé d'hérésie.

ARGUMENT DU CHANT XI.

Le chœur des âmes bienheureuses s'est arrêté. Saint Thomas d'Aquin reprend la parole. Deux points de son discours avaient laissé Dante dans l'incertitude ; il entreprend de résoudre ces doutes en lui racontant la vie de saint François.

CANTO UNDECIMO.

O insensata cura de' mortali,
Quanto son difettivi sillogismi
Quei, che ti fanno in basso batter l' ali!

Chi dietro a *jura*, e chi ad aforismi
Sen' giva, e chi seguendo sacerdozio,
E chi regnar per forza, e per sofismi:

E chi rubare, e chi civil negozio,
Chi nel diletto della carne involto,
S' affaticava, e chi si dava el' ozio:

Quand' io da tutte queste cose sciolto,
Con Beatrice m' era suso in Cielo,
Cotanto gloriosamente accolto.

CHANT ONZIÈME.

O mortels insensés! séduits par de vains prismes!
Qu'ils sont étrangement construits les syllogismes
Qui retiennent en bas le vol de vos désirs!

Tel suit le droit ou bien s'adonne aux aphorismes,
Tel s'applique à régner par force ou par sophismes,
Tel prend le sacerdoce ou cherche autres loisirs.

L'un court au vol, un autre aux fonctions civiles,
L'un s'énerve enfoncé dans les débauches viles,
Et celui-là s'endort dans un repos oiseux,

Quand moi, libre, affranchi de toute servitude,
Au sublime séjour de la béatitude,
Conduit par Béatrix, je monte glorieux.

Poichè ciascuno fu tornato ne lo
Punto del cerchio, in che avanti s' era,
Fermossi come a candellier candelo.

Ed io senti' dentro a quella lumiera,
Che pria m' avea parlato, sorridendo,
Incominciar, facendosi più mera:

Così com' io del suo raggio m' accendo,
Sì, riguardando nella luce eterna
Li tuo' pensier, onde cagioni, apprendo;

Tu dubbi, ed hai voler, che si ricerna
In sì aperta, e sì distesa lingua
Lo dicer mio, ch' al tuo sentir si sterna:

Ove dinanzi dissi: U' ben s' impingua,
E là, u' dissi: Non surse il secondo:
E qui è uopo che ben si distingua.

La providenza, che governa 'l mondo
Con quel consiglio, nel quale ogni aspetto
Creato è vinto, pria che vada al fondo:

Perocchè andasse ver lo suo diletto
La Sposa di colui, ch' ad alte grida
Disposò lei col sangue benedetto,

A son point de départ chaque âme illuminée
Revint et s'arrêta, la ronde terminée,
Comme un cierge fixé coi sur son chandelier.

Lors une douce voix sortit de la lumière
Qui m'avait adressé quelques mots la première
Et projetait alors un éclat singulier :

« Allumée aux rayons de la flamme éternelle,
Je vois clair dans ton cœur en regardant en elle.
J'y perçois tes pensers à leur enfantement.

Tu doutes et tu veux qu'en moins obscur langage
J'explique mon discours en un certain passage ;
Tu veux que je mesure à ton entendement

Cette route où j'ai dit que l'ouaille *s'engraisse*
Et ce mot : *s'élevant sans second en sagesse.*
Or il faut distinguer ; la chose importe ici.

La Providence qui d'en haut régit le monde
D'un conseil si profond que tout œil qui le sonde,
Avant d'atteindre au fond, de vertige est saisi,

Afin de diriger dans sa marche tremblante
L'Épouse de Celui qui, sur la croix sanglante,
En poussant un grand cri, consomma son hymen,

In sè sicura e anche a lui più fida;
Duo principi ordinò in suo favore,
Che quinci e quindi le fosser per guida.

L' un fu tutto Serafico in ardore,
L' altro per sapienza in terra fue
Di Cherubica luce uno splendore.

Dell' un dirò, perocchè d'amendue
Si dice l'un pregiando, qual ch' uom prende;
Perchè ad un fine fur l' opere sue.

Intra Tupino e l' acqua, che discende
Del colle eletto dal beato Ubaldo,
Fertile costa d' alto monte pende,

Onde Perugia sente freddo e caldo
Da Porta Sole, e dirietro le piange
Per greve giogo Nocera con Gualdo.

Di quella costa là, dov' ella frange
Più sua rattezza, nacque al mondo un Sole,
Come fa questo tal volta di Gange.

Però chi d' esso loco fa parole,
Non dica Ascesi, che direbbe corto,
Ma Oriente, se proprio dir vuole.

Pour la rendre à la fois plus forte et plus fidèle,
La dota de deux chefs animés d'un saint zèle
Qui pussent la guider à travers le chemin.

L'un des deux en ardeur parut tout séraphique ;
L'autre comme un rayon de splendeur chérubique,
Tant fut grand le savoir qu'à la terre il montra (1).

D'un seul je parlerai ; car quelque bien qu'on dise
De l'un d'eux, c'est aussi l'autre qu'on préconise ;
Pour une même fin leur œuvre conspira.

Entre l'eau du Tupin' et le ruisseau qui tombe
Des collines où saint Ubald choisit sa tombe,
Un fertile coteau pend d'un mont sourcilleux

Qui souffle aux Pérugins, par la porte *del Sole*,
Et le froid et le chaud : derrière se désole
Gualde avec Nocera sous un joug odieux.

Au point où du coteau la pente est moins rapide
Un soleil se leva, soleil aussi splendide
Que celui qui surgit du Gange en souriant.

Cet endroit d'où jaillit le soleil de l'Église
C'est donc mal le nommer que l'appeler Assise :
Il faut plus proprement l'appeler Orient.

Non era ancor molto lontan dall' orto,
Ch' e' cominciò a far sentir la terra
Della sua gran virtude alcun conforto.

Chè per tal donna giovinetto in guerra
Del padre corse, a cui, com' alla morte,
La porta del piacer nessun disserra:

E dinanzi alla sua spirital Corte,
Et coram patre le si fece unito,
Poscia di dì in dì l' amò più forte.

Questa, privata del primo marito,
Mille e cent' anni, e più dispetta e scura
Fino a costui si stette senza invito:

Nè valse udir, che la trovò sicura
Con Amiclate, al suon della sua voce,
Colui ch' a tutto 'l mondo fe' paura:

Nè valse esser costante, nè feroce,
Sì che dove Maria rimase giuso,
Ella con Cristo salse in su la croce.

Ma perch' io non proceda troppo chiuso;
Francesco e Povertà per questi amanti
Prendi oramai nel mio parlar diffuso.

CHANT XI.

Ce soleil commençait à peine sa carrière
Qu'il avait déjà fait éprouver à la terre
De sa grande vertu le merveilleux confort.

Car tout jeune il osa lutter contre son père
Pour une dame à qui tout homme d'ordinaire
N'ouvre pas avec plus de plaisir qu'à la mort.

C'est alors que devant sa cour spirituelle,
En face de son père il s'unit avec elle,
Et puis de jour en jour l'aima plus tendrement.

Mille et cent ans et plus, obscure et méprisée,
Et veuve du premier qui l'avait épousée,
Elle avait jusqu'à lui vécu sans autre amant.

En vain on racontait que cet homme de guerre,
Qui faisait à sa voix trembler toute la terre,
Au foyer d'Amyclas paisible la trouva (2).

En vain, jusqu'à la mort et fidèle et hardie,
Quand au pied de la croix se désolait Marie,
Elle sur la croix même avec le Christ monta.

Mais en termes plus clairs, pour mieux me faire entendre,
Sache que ces amants sur qui je vais m'étendre,
Se nommaient, l'un : François ; l'autre : la Pauvreté.

La lor concordia, e i lor lieti sembianti
Amore e maraviglia, e dolce sguardo
Faceano esser cagion de' pensier santi:

Tanto che 'l venerabile Bernardo
Si scalzò prima, e dietro a tanta pace
Corse, e correndo gli parv' esser tardo.

O ignota ricchezza, o ben verace!
Scalzasi Egidio, e scalzasi Silvestro
Dietro allo sposo, sì la sposa piace.

Indi sen' va quel padre, e quel maestro
Con la sua donna, e con quella famiglia,
Che già legava l' umile capestro:

Nè gli gravò viltà di cuor le ciglia,
Per esser fi' di Pietro Bernardone,
Nè per parer dispetto a maraviglia.

Ma regalmente sua dura intenzione
Ad Innocenzio aperse, e da lui ebbe
Primo sigillo a sua religione.

Poi che la gente poverella crebbe
Dietro a costui, la cui mirabil vita
Meglio in gloria del Ciel si canterebbe;

Leur parfaite concorde et leur air d'allégresse,
Leur merveilleux amour, leurs regards de tendresse,
A ceux qui les voyaient soufflaient la piété.

Si bien que, le premier, Bernard, le vénérable,
Se déchausse et s'élance à la paix ineffable;
Il court en regrettant d'être si tard venu.

O richesse incomprise! ô seul bien véritable!
Égidius, par amour pour l'épouse adorable,
Et Sylvestre après lui, suivent l'époux, pied nu.

Lors il s'en va ce père et ce maître, sans crainte,
Avec sa dame, avec cette famille sainte
Qui déjà sur son froc nouait l'humble cordon.

Et loin de porter bas lâchement le visage,
Quoiqu'il eût à subir le dédain et l'outrage
Et qu'il ne fût que fils de Pierre Bernardon,

Il vint royalement dire son but austère
Au pape Innocent III, et reçut du saint Père
Pour son ordre pieux le sceau spirituel.

Plus tard, lorsque s'accrut la pauvre gent ravie
Sur les pas de celui dont l'admirable vie
Se chanterait bien mieux dans la gloire du Ciel,

Di seconda corona redimita
Fu, per Onorio, dall' eterno Spiro
La santa voglia d' esto archimandrita:

E poi che per la sete del martiro,
Nella presenza del Soldan superba
Predicò Cristo, e gli altri, che 'l seguiro:

E per trovare a conversione acerba
Troppo la gente, e per non stare indarno,
Reddissi al frutto dell' Italica erba.

Nel crudo sasso intra Tevere ed Arno
Da Cristo prese l' ultimo sigillo,
Che le sue membra du' anni portarno.

Quando a Colui, ch' ha tanto ben sortillo,
Piacque di trarlo suso alla mercede,
Ch' ei meritò nel suo farsi pusillo;

A i frati suoi, sì com' a giuste erede,
Raccomandò la sua donna più cara,
E comandò che l' amassero a fede:

E del suo grembo l' anima preclara
Muover si volle, tornando al suo regno:
Ed al suo corpo non volé altra bara.

La sainte volonté de cet archimandrite,
Par les mains d'Honorius, que l'Esprit Saint habite,
Recevra sa couronne une seconde fois.

Bientôt après, brûlé de la soif du martyre,
Du superbe Soudan le royaume l'attire;
C'est là qu'il va prêcher et le Christ et ses lois.

A la conversion ce peuple étant rebelle,
Pour ne pas consumer sans profit son saint zèle,
De ses plants d'Italie il va cueillir les fruits.

Et c'est là sur un roc, entre le Tibre même
Et l'Arno, que le Christ lui donne un sceau suprême:
Stygmate écrit deux ans sur ses membres meurtris (3).

Quand il plut à Celui qui pour cette œuvre immense
L'avait choisi, de lui donner la récompense
Conquise justement par son humilité,

A ses frères, ainsi qu'à des hoirs légitimes,
Il confia l'épouse, objet de feux sublimes,
En la recommandant à leur fidélité;

Et ce fut de son sein que l'âme glorieuse
Voulut prendre son vol vers sa patrie heureuse;
C'est elle qu'il voulut pour linceul à sa chair.

Pensa oramai qual fu colui, che degno
Collega fu a mantener la barca
Di Pietro in alto mar per dritto segno:

E questi fu il nostro Patriarca:
Per che qual segue lui, com' ei comanda,
Discerner puoi, che buona merce carca.

Ma il suo peculio di nuova vivanda
È fatto ghiotto sì, ch' esser non puote,
Che per diversi salti non si spanda:

E quanto le sue pecore rimote,
E vagabonde più da esso vanno,
Più tornano all' ovil di latte vote.

Ben son di quelle, che temono 'l danno,
E stringonsi al pastor: ma son sì poche,
Che le cappe fornisce poco panno.

Or se le mie parole non son fioche,
Se la tua audienza è stata attenta,
Se ciò, ch' ho detto, alla mente rivoche,

In parte fia la tua voglia contenta:
Perchè vedrai la pianta onde si scheggia
E vedra' il corregger, ch'-argomenta

U' ben s' impingua, se non si vaneggia.

Ores tu peux juger ce que fut l'homme digne
Après lui de guider au but en droite ligne
La barque de saint Pierre au milieu de la mer!

Cette lumière-ci fut notre patriarche (4);
Et quiconque sur lui règle avec soin sa marche
Se charge, tu le sais, d'un trésor abondant.

Mais le petit troupeau réuni par son zèle
Est devenu gourmand de pâture nouvelle.
En mille champs divers il va se répandant.

Et plus, s'abandonnant aux vains appâts du monde,
S'égare loin de lui la brebis vagabonde,
Plus vide est sa mamelle en rentrant au bercail.

Sans doute il en est bien qui, craignant l'enfer sombre,
Se serrent au pasteur, mais en si petit nombre
Qu'il faut bien peu de fil pour broder leur camail.

Maintenant si ma voix n'a pas été perdue,
Si ton attention s'est assez soutenue,
Et si tu te souviens de mon raisonnement,

Voici que sur un point déjà ta soif s'étanche;
Car tu vois l'arbre saint d'où part mauvaise branche,
Et de ce correctif tu comprends l'argument :

Où l'agneau devient gras, — s'il n'erre follement.

NOTES DU CHANT XI.

(1) Saint François d'Assise et saint Dominique.

(2) Amyclas, le pauvre pêcheur à la porte duquel vint frapper César.

(3) « François descendit de l'Alvernia portant avec lui l'image du Dieu crucifié, non tracée par la main d'un artiste sur des tables de pierre ou de bois, mais gravée sur sa propre chair par le doigt du Dieu vivant » (v. Bonaventure, *Vie de saint François*).

(4) Saint Dominique.

ARGUMENT DU CHANT XII.

Un autre cercle de bienheureux se forme en couronne autour du cercle de saint Thomas. Un esprit de ce second cercle prend la parole : c'est saint Bonaventure. Il raconte la vie de saint Dominique dont saint Thomas n'a dit qu'un mot dans l'éloge de saint François, et fait connaître les autres esprits qui composent avec lui la seconde couronne de bienheureux.

CANTO DUODECIMO.

Si tosto come l' ultima parola
La benedetta fiamma, per dir, tolse,
A rotar cominciò la santa mola:

E nel suo giro tutta non si volse
Prima ch' un' altra d' un cerchio la chiuse,
E moto a moto, e canto a canto colse:

Canto che tanto vince nostre Muse,
Nostre Sirene in quelle dolci tube,
Quanto primo splendor quel che rifuse.

Come si volgon per tenera nube
Du' archi paralleli e concolori,
Quando Giunone a sua ancella iube,

CHANT DOUZIÈME.

Aussitôt qu'exhalant sa dernière parole
La flamme eut achevé, la sainte girandole
Recommença sa ronde ainsi que tout d'abord,

Et n'avait pas encore fait un tour, toute entière,
Qu'une autre l'enfermait d'un cercle par derrière,
Et mouvement et voix allaient d'un même accord.

Et le chant de ces voix, aux douceurs souveraines,
Dépassait d'aussi loin nos muses, nos syrènes,
Que les reflets sont loin des rayons éclatants.

Comme on voit s'arrondir sur l'humide nuage,
Alors que de Junon Iris porte un message,
Semblables de couleur, deux arcs équidistants,

Nascendo di quel d' entro quel di fuori,
A guisa del parlar di quella vaga,
Ch' Amor consunse, come sol vapori:

E fanno qui la gente esser presaga
Per lo patto, che Dio con Noè pose
Del mondo, che giammai più non s' allaga:

Così di quelle sempiterne rose
Volgeansi circa noi le due ghirlande,
E sì l' estrema all' intima rispose.

Poichè 'l tripudio e l' altra festa grande,
Sì del cantare, e sì del fiammeggiarsi,
Luce con luce gaudïose e blande,

Insieme appunto, e a voler quietarsi;
Pur come gli occhi, ch' al piacer che i muove,
Conviene insieme chiudere e levarsi;

Del cuor dell' una delle luci nuove
Si mosse voce, che l' ago alla stella
Parer mi fece in volgermi al suo dove:

E cominciò: L' amor, che mi fa bella,
Mi tragge a ragionar dell' altro duca,
Per cui del mio sì ben ci si favella.

CHANT XII.

L'un de l'autre tirant sa forme vaporeuse,
Naissant comme la voix d'Echo, la malheureuse
Que consuma l'amour, ce soleil dévorant!

Et tous deux, ces beaux arcs, nous offrant un emblème
De la promesse faite à Noé par Dieu même,
Qu'à jamais du déluge est séché le torrent :

Telles autour de nous, roses spirituelles,
Se déroulaient ces deux guirlandes éternelles,
N'ayant qu'un même centre, et brillantes aux yeux !

Lorsque la danse et quand toute la grande fête,
Chants et rayonnements de la belle planète,
Quand flambeaux et flambeaux au feu tendre et joyeux,

D'un même mouvement quand, ces doubles lumières,
Je les vis s'arrêter, telles que deux paupières
Ensemble à notre gré s'ouvrant et se fermant,

De l'une des clartés de la deuxième bande,
Une voix s'exhala qui me fit d'ardeur grande
Vers elle me tourner comme au nord va l'aimant;

Et prononça ces mots : « L'amour qui me pénètre
M'entraîne à te parler du frère de ce maître
Qu'on a loué si bien et qui m'eut pour soldat.

Degno è, che dov' è l' un, l' altro s' induca
Sì, che com' elli ad una militâro,
Così la gloria loro insieme luca.

L' esercito di Cristo, che sì caro
Costò a riarmar, dietro alla 'nsegna
Si movea tardo, sospeccioso e raro;

Quando lo 'mperador, che sempre regna,
Provvide alla milizia, ch' era in forse,
Per sola grazia, non per esser degna:

E, com' è detto, a sua sposa soccorse
Con duo campioni, al cui fare, al cui dire
Lo popol disviato si raccorse.

In quella parte, ove surge ad aprire
Zeffiro dolce le novelle fronde,
Di che si vede Europa rivestire;

Non molto lungi al percuoter dell' onde,
Dietro alle quali per la lunga foga
Lo Sol tal volta ad ogni uom si nasconde,

Siede la fortunata Callaroga,
Sotto la protezion del grande scudo,
In che soggiace il Leone, e soggioga.

Où l'un paraît il faut mettre l'autre en lumière.
Comme ils ont combattu sous la même bannière,
Leur gloire doit aussi briller du même éclat.

La milice du Christ, à grands frais réarmée,
Suivait son étendard, chancelante, alarmée,
A pas lents, et ses rangs allaient se clairsemant,

Quand l'Empereur qui règne au sein de l'Empyrée
Montra sa providence à l'armée égarée.
C'était grâce et non pas justice assurément.

Et comme on te l'a dit, il secourut son temple
Avec deux champions dont la voix et l'exemple
Rallièrent le peuple en son pressant péril.

Au pays d'où Zéphyr vient sur ses douces ailes
Déplier les bourgeons des frondaisons nouvelles
Dont l'Europe se voit revêtir en Avril,

Et non loin de ces bords que frappe l'onde amère,
Où l'on voit, terminant sa lointaine carrière,
Le soleil disparaître aux yeux de l'univers,

Sise est Callaroga, ville heureuse! Elle brille
Sous la protection de l'écu de Castille
Qui porte deux lions, une barre en travers.

Dentro vi nacque i' amoroso drudo
Della fede cristiana, il santo atleta,
Benigno a' suoi, ed a' nimici crudo:

E, come fu creata, fu repleta
Sì la sua mente di viva virtute,
Che nella madre lei fece profeta.

Poichè le sponsalizie fur compiute
Al sacro fonte intra lui e la fede,
U' si dotâr di mutua salute;

La donna, che per lui l' assenso diede,
Vide nel sonno il mirabile frutto,
Ch' uscir dovea di lui, e delle rede:

E perchè fosse quale era in costrutto,
Quinci si mosse Spirito a nomarlo
Del possessivo, di cui era tutto:

Domenico fu detto: ed io ne parlo,
Sì come dell' agricola, che CRISTO
Elesse all' orto suo, per aiutarlo.

Ben parve messo e famigliar di CRISTO,
Che 'l primo amor, che 'n lui fu manifesto,
Fu al primo consiglio, che diè CRISTO.

C'est là que vit le jour, athlète apostolique,
L'amoureux champion de la foi catholique,
Tendre aux siens, et cruel contre ses ennemis.

De si vive vertu son âme fut remplie
Que sa mère y puisait le don de prophétie
Quand, encor dans son sein, il n'était que promis.

Entre l'homme et la foi, sitôt que l'alliance
Fut consacrée aux fonts baptismaux, où d'avance
Tous les deux comme dot le salut apportaient,

La dame qui de lui répondait à sa place,
Vit en songe les fruits de merveilleuse grâce
Qui de ses héritiers et de lui sortiraient.

Et pour faire éclater cette grâce suprême
Un ange vint d'ici lui donner en baptême
Un nom qui disait bien qu'il était au Seigneur.

Il eut nom Dominique : ore je te le donne
Comme un bon laboureur que le CHRIST en personne
A choisi pour sa vigne et fait son serviteur.

On voit bien qu'il portait le CHRIST dedans son âme,
Qu'il était son servant, car sa première flamme
Fut au premier conseil que le CHRIST nous donna (1).

Spesse fiate fu, tacito e desto,
Trovato in terra dalla sua nutrice,
Come dicesse: Io son venuto a questo.

O padre suo veramente Felice!
O madre sua veramente Giovanna,
Se 'nterpretata val come si dice!

Non per lo mondo, per cui mo s' affanna
Diretro ad Ostiense ed a Taddeo,
Ma per amor della verace manna,

In picciol tempo gran dottor si feo,
Tal che si mise a circuir la vigna,
Che tosto imbianca, se 'l vignaio è reo:

Ed alla sedia che fu già benigna
Più a' poveri giusti, non per lei,
Ma per colui che siede, e che traligna,

Non dispensare o due o tre per sei
Non la fortuna di primo vacante,
Non decimas que sunt pauperum Dei,

Addimando, ma contra 'l mondo errante
Licenzia di combatter per lo seme,
Del qual ti fascian ventiquattro piante.

CHANT XII. 205

Souvent il fut trouvé dans la nuit par sa mère
Les yeux ouverts, muet, prosterné contre terre
Comme s'il disait : Dieu m'envoya pour cela.

Oh ! qu'il fut bien nommé Félix, son heureux père !
Et bien nommée aussi Jeanne qui fut sa mère,
Si ce doux nom de Jeanne a le sens que l'on dit !

Ce n'est pas pour le monde à qui l'on sacrifie
En séchant sur Taddée et les livres d'Ostie (2),
Mais par un saint amour pour le pain de l'Esprit,

Qu'il fut en peu de temps des docteurs le plus digne,
Et se mit à tailler en tous les sens la vigne
Qui blanchit vite aux mains d'un mauvais vigneron.

Quand il se présenta devant le siége auguste,
Plus miséricordieux alors au pauvre juste
Qu'il ne l'est aujourd'hui sous un prêtre félon (3),

Il ne demanda pas la première vacance,
Ni d'injustes profits moyennant redevance,
Non decimas quæ sunt pauperum domini:

Mais il sollicita contre un monde en démence
La faveur de lutter pour la sainte semence
Dont tu vois en bouquet vingt-quatre fleurs ici.

12

Poi con dottrina, e con volere insieme,
Con l'uficio apostolico si mosse,
Quasi torrente, ch' alta vena preme:

E negli sterpi eretici percosse
L' impeto suo più vivamente quivi,
Dove le resistenze eran più grosse.

Di lui si fecer poi diversi rivi,
Onde l' orto cattolico si riga,
Sì che i suoi arbuscelli stan più vivi.

Se tal fu l' una ruota della biga,
In che la santa Chiesa si difese,
E vinse in campo la sua civil briga,

Ben ti doverebbe assai esser palese
L' excellenza dell' altra, di cui Tomma
Dinanzi al mio venir fu sì cortese.

Ma l' orbita, che fe' la parte somma
Di sua circonferenza, è derelitta,
Sì ch' è la muffa, dov' era la gromma.

La sua famiglia, che si mosse dritta,
Co' piedi alle su' orme, è tanto volta,
Che quel dinanzi a quel diretro gitta:

Alors comme un torrent gonflé près de sa source,
Pour l'œuvre apostolique il commença sa course,
Fort et de sa science et de sa volonté.

Il tombe impétueux dans le champ hérétique,
Et plus la résistance est ardente, énergique,
Plus terrible le choc du torrent emporté.

Puis de ce torrent-là plusieurs ruisseaux naquirent,
Dans le champ catholique ensemble s'épandirent,
Et par eux d'humbles plants ont été ravivés.

Si tel fut un appui, telle une roue unique
De ce char sur lequel l'Église catholique
Sut dompter en champ clos ses enfants soulevés,

Tu dois comprendre assez quelle fut l'excellence
De l'autre, de celui dont, pendant mon absence,
Saint-Thomas te parlait avec tant de chaleur (4).

Mais le sillon creusé par l'orbe de la roue
Demeure à l'abandon, et l'on ne voit que boue
Croupissant à la place où se levait la fleur.

La famille jadis suivant la bonne ornière,
Loin des pas de son chef s'est jetée en arrière;
Elle recule au lieu de marcher en avant.

E tosto s'avvedrà della ricolta
Della mala coltura, quando 'l loglio
Si lagnerà, che l' arca gli sia tolta.

Ben dico, chi cercasse a foglio a foglio,
Nostro volume, ancor troveria carta,
Du' leggerebbe: I' mi son quel, ch' io soglio.

Ma non fia da Casal, nè d' Acqua Sparta,
Là onde vegnon tali alla Scrittura,
Ch' uno la fugge; e l' altro la coarta.

Io son la vita di Buonaventura
Da Bagnoregio, che ne' grandi ufici
Sempre posposi la sinistra cura.

Illuminato ed Agostin son quici,
Che fur de' primi scalzi poverelli,
Che nel capestro a Dio si fero amici.

Ugo da Sanvittore è qui con elli,
E Pietro Mangiadore, e Pietro Ispano,
Lo qual giù luce in dodici libelli:

Natan profeta, e 'l Metropolitano
Crisostomo, ed Anselmo, e quel Donato,
Ch' alla prim' arte degnò poner mano;

Bientôt à la moisson la mauvaise culture
Se fera reconnaître; alors l'ivraie impure,
Au lieu d'être au grenier, sera jetée au vent.

Qui feuillet à feuillet parcourrait notre histoire
En trouverait encore un, je veux bien le croire,
Dont l'exergue serait : J'ai gardé ma blancheur.

Mais il ne viendrait pas, celui-là, d'Acqua Sparte
Ou Casal : là toujours de la règle on s'écarte
Ou par trop d'indulgence ou par trop de rigueur (5).

Je suis l'esprit vivant de saint Bonaventure
De Bagnoregio, qui dans ma grande cure
Ai toujours dédaigné tout soin inférieur.

Ici brille Augustin auprès de l'âme pure
D'Illuminat, premiers pauvres qui, sans chaussure,
Ont été sous le froc les amis du Seigneur.

Hugues de Saint-Victor de près les accompagne.
Là Pierre Mangiadore et là Pierre d'Espagne :
Douze livres sur terre ont conservé son nom (6);

Le prophète Nathan, l'évêque Chrysostome,
Le philosophe Anselme et Donat, ce grand homme
Qui dans le premier art sut se faire un renom (7);

12.

Rabano è quivi, e lucemi dallato
Il Calavrese abate Giovacchino
Di spirito profetico dotato.

Ad inveggiar cotanto paladino
Mi mosse la infiammata cortesia
Di fra Tommaso, e 'l discreto latino,

E mosse meco questa compagnia.

Là Raban Maur, et là, dans la même famille,
C'est l'abbé Joachim de Calabre qui brille (8) :
Du prophétique esprit celui qui s'inspirait.

Si j'ai loué ce grand paladin Dominique,
C'est que j'y fus poussé par l'ardeur angélique
De frère saint Thomas, et son parler discret,

Et cette compagnie aussi le désirait.

NOTES DU CHANT XII.

(1) L'amour de la pauvreté, premier conseil donné par Jésus-Christ. « *Si vis perfectus esse, vade vende quæ habes et da pauperibus* » (Matth., c. XIX). Cet amour fut le premier qui se manifesta dans saint Dominique, dit Landine, parce qu'on le vit, étant encore écolier, vendre ses livres pour en distribuer le produit aux pauvres.

(2) Taddée, célèbre médecin de Florence. — Les livres d'Ostie, c'est-à-dire de Henri de Suse, cardinal d'Ostie, commentateur des Décrétales. Le droit et la médecine offraient à cette époque des moyens assurés de fortune.

(3) Boniface VIII qui occupait le siège pontifical en 1300.

(4) De l'autre, dont a parlé saint Thomas, c'est-à-dire de saint François d'Assise.

(5) Épigramme contre deux chefs franciscains, le cardinal Mathieu d'Acqua Sparta, douzième général des franciscains, et frère Ubertin de Casal.

(6) Hugues, chanoine de l'abbaye de Saint-Victor, théologien comme Augustin et Illuminat. — Pierre l'Espagnol, auteur d'une dialectique en douze livres.

(7) Donat, grammairien célèbre du quatrième siècle. La grammaire était le premier des quatre arts libéraux.

(8) Raban Maur, disciple d'Alcuin, théologien allemand du huitième siècle. Joachim de Calabre, moine du douzième siècle.

ARGUMENT DU CHANT XIII.

Le poëte emprunte aux astres une image pour peindre cette double guirlande d'âmes radieuses qu'il voyait danser et chanter autour de lui. Saint Thomas résout la seconde des difficultés soulevées par son récit (chant X). Il explique cette phrase où il disait que Salomon fut sans second en sagesse. Après l'avoir accordée avec ce que l'Écriture nous enseigne sur Adam doué, en sortant des mains de Dieu, de toutes les perfections humaines, et sur Jésus-Christ, la sagesse incarnée, le docteur angélique termine sa thèse en exhortant le poëte à ne pas précipiter ses opinions.

CANTO DECIMOTERZO.

Immagini chi bene intender cupe,
Quel ch' io or vidi, e ritegna l' image
Mentre ch' io dico, come ferma rupe,

Quindici stelle, che in diverse plage
Lo Cielo avvivan di tanto sereno,
Che soverchia dell' aere ogni compage;

Immagini quel Carro, a cui il seno
Basta del nostro Cielo, e notte e giorno,
Si che al volger del temo non vien meno;

Immagini la bocca di quel corno,
Che si commincia in punta dello stelo,
A cui la prima ruota va d' intorno,

CHANT TREIZIÈME.

Ce que j'ai vu là-haut, si tu veux sans nuage
Le comprendre, imagine (et retiens bien l'image
Gravée en ton esprit comme un trait sur du fer)

Ces quinze astres d'abord dont les clartés sereines
Brillent de tous côtés dans les célestes plaines,
Traversant à la fois tous les bandeaux de l'air!

Imagine de plus ce grand Char qui demeure
Sous notre Ciel, la nuit et le jour, à toute heure,
Sans jamais le franchir dans son cours éternel,

Imagine avec eux deux étoiles, la bouche
De cette corne d'or dont l'extrémité touche
A l'axe autour duquel tourne le premier Ciel;

Aver fatto di sè duo segni in Cielo
Qual fece la figliuola di Minoi
Allora che sentì di morte il gielo:

E l' un nell' altro aver gli raggi suoi,
E amenduo girarsi per maniera,
Che l' uno andasse al primo, e l' altro al poi:

Ed avrà quasi l' ombra della vera
Costellazione, e della doppia danza,
Che circulava il puncto dov' io era:

Poi ch' è tanto di là da nostra usanza,
Quanto di là dal muover della Chiana,
Si muove 'l Ciel, che tutti gli altri avanza.

Là si canto non Bacco, non Peana,
Ma tre Persone in divina natura,
Ed in una sustangia essa, e l' umana.

Compiè 'l cantare, e 'l volger sua misura,
E attesersi a noi quei santi lumi,
Felicitando sè di cura in cura.

Ruppe 'l silenzio ne' concordi numi
Poscia la luce, in che mirabil vita
Del poverel di Dio narrata fumi:

CHANT XIII.

Qu'ils forment tous ensemble une double couronne,
Semblable à ce bandeau qui dans le Ciel rayonne
Depuis l'heure où mourut la fille de Minos :

Les deux cercles mêlant l'éclat de leur lumière
Et roulant sur des plans opposés, de manière
A tournoyer ensemble en se tournant le dos ;

Et tu pourras avoir comme une ombre, à distance,
De ces astres divins et de leur double danse
Autour du point où moi je m'étais arrêté (1) :

L'ombre! car ces splendeurs de là-haut sont aux nôtres
Ce que le premier Ciel, qui dépasse les autres,
Est à la Chiana, pour la rapidité.

Ils chantaient, non Bacchus ou le fils de Latone,
Mais la divine Essence et la triple Personne ;
Et dans une personne un homme ensemble et Dieu.

Cependant chants et danse à la fois s'arrêtèrent,
Et vers nous les flambeaux célestes s'inclinèrent,
Passant d'un soin à l'autre avec un tendre feu.

Dans l'accord des esprits soudain rompt le silence
Le grand saint qui m'avait raconté l'existence
Où brilla la vertu du mendiant divin,

E disse: quando l'una paglia è trita,
Quando la sua semenza è già risposta,
A batter l'altra dolce amor m'invita.

Tu credi, che nel petto, onde la costa
Si trasse, per formar la bella guancia,
Il cui palato a tutto 'l mondo costa,

Ed in quel che, forato dalla lancia,
E poscia e prima tanto soddisfece,
Che d'ogni colpa vinse la bilancia,

Quantunque alla natura umana lece
Aver di lume, tutto fosse infuso
Da quel valor, che l'uno e l'altro fece:

E però ammiri ciò, ch'io dissi suso,
Quando narrai, che non ebbe secondo
Lo ben, che nella quinta luce è chiuso.

Ora apri gli occhi a quel, ch'io ti rispondo,
E vedrai il tuo credere, e 'l mio dire
Nel vero farsi, come centro in tondo.

Ciò che non muore, e ciò che può morire,
Non è se non splendor di quella idea,
Che partorisce, amando, il nostro Sire:

Et dit : « Quand du froment la paille est séparée,
Qu'une part de récolte au grenier est serrée,
Un doux amour m'invite à battre l'autre grain.

Tu crois que dans le flanc d'où fut prise une côte
Pour former cette bouche aimable, dont la faute
Au monde tout entier devait coûter si cher,

Comme aussi dans celui que transperça la lance,
Dont la vie et la mort firent dans la balance
Pencher le plateau noir qui menait à l'enfer,

Tout le savoir permis à la nature humaine
En eux dut être infus par la main souveraine
Qui les fit tous les deux : par le divin pouvoir.

Pour lors, je t'ai surpris en te disant que l'âme
Du bienheureux caché dans la cinquième flamme
N'eut jamais sa seconde en sagesse, en savoir.

Or donc, écoute bien ce que je vais répondre,
Et tu verras mon dire et ta foi se confondre
Tous deux dans le vrai, comme en un rond le milieu.

Tout être corruptible ou bien impérissable
N'est rien que la splendeur de ce Verbe ineffable
Emané de l'amour de Notre Sire Dieu.

Chè quella viva Luce, che si mea
Dal suo lucente, che non si disuna
Da lui, nè dall' amor, che 'n lor s' intrea;

Per sua bontate il suo raggiare aduna,
Quasi specchiato in nuove sussistenze,
Eternalmente rimanendosi una.

Quindi discende all' ultime potenze
Giù d' atto in atto tanto divenendo,
Che più non fa, che brevi contingenze :

E queste contingenze essere intendo
Le cose generate, che produce
Con seme e senza seme il Ciel movendo.

La cera di costoro, e chi la duce,
Non sta d' un modo, e però sotto 'l segno
Ideale poi più e men traluce :

Ond' egli avvien, ch' un medesimo legno,
Secondo spezie, meglio e peggio frutta,
E voi nascete con diverso ingegno.

Se fosse appunto la cera dedutta,
E fosse 'l Cielo in sua virtù suprema,
La luce del suggel parrebbe tutta.

Cette vive Clarté, qui d'un foyer sans tache
Découle, et qui de lui jamais ne se détache
Non plus que de l'amour d'où naît leur trinité,

Daigne dans sa bonté concentrer sur neuf sphères,
Comme dans un miroir, ses rayons de lumières,
Sans perdre sa suprême éternelle unité.

Et de là d'acte en acte, aux dernières puissances,
Jusqu'à ne plus créer que brèves contingences,
Elle descend toujours et va s'affaiblissant.

J'entends par *contingents* toutes les existences
Des êtres engendrés avec ou sans semences,
Qu'a pouvoir d'enfanter le Ciel en se mouvant.

L'art qui les a formés, leur substance elle-même,
Sont de plus d'une sorte: aussi le sceau suprême
S'imprime et transparaît plus ou moins au travers.

Pour ce, sur le même arbre, et dans la même espèce,
Pousse le fruit qu'on goûte et le fruit qu'on délaisse,
Et pour ce vous naissez avec des goûts divers.

Si la substance était toujours de même sorte,
Que le Ciel eût toujours sa vertu la plus forte,
L'éclat du sceau divin paraîtrait tout entier.

Ma la Natura la dà sempre scema,
Similemente operando all' artista,
Ch' ha l' abito dell' arte; e man, che trema.

Però se 'l caldo amor la chiara vista
Della prima virtù dispone e segna;
Tutta la perfezïon quivi s' acquista.

Così fu fatta già la terra degna
Di tutta l' animal perfezïone:
Così fu fatta la vergine pregna.

Sì ch' io commendo tua opinïone:
Che l' umana natura mai non fue,
Nè fia, qual fu in quelle duo persone.

Or s' io non procedessi avanti piùe,
Dunque come costui fu senza pare?
Comincierebber le parole tue.

Ma, perchè paia ben quel che non pare,
Pensa chi era, e la cagion che 'l mosse,
Quando fu detto, *Chiedi*, a dimandare.

Non ho parlato sì, che tu non posse
Ben veder, ch' ei fu re, che chiese senno,
Acciocchè re sufficiente fosse:

Mais la nature en donne une épreuve lointaine;
Elle est l'humble ouvrier dont la main incertaine
Tremble, quoique pourtant il sache son métier.

Que si l'amour brûlant grave sur la matière
Les traits éblouissants de la vertu première,
Alors d'aucun défaut l'ouvrage n'est taché.

C'est ainsi qu'en Adam la terre naquit pure,
Parfaite autant que peut l'être une créature,
Ainsi que fut conçu l'enfant né sans péché.

Donc ton opinion en un point je la loue.
Car jamais la nature humaine, je l'avoue,
Ne fut ni ne sera telle qu'en ces deux-là.

Or, qu'ici je m'arrête, et toi, dans ta logique :
« Comment donc Salomon fut-il un sage unique? »
D'avance je t'entends me répliquer cela.

Mais pour qu'un jour plus clair sur tes yeux se répande,
Songe à ce qu'il était quand Dieu lui dit : Demande!
Et quel pieux motif détermina son choix (2).

Suis-je encor trop obscur? Et n'as-tu pas l'adresse
De voir qu'il fut un roi demandant la sagesse
Afin qu'il pût suffire à la tâche des rois?

Non per saper lo numero, in che enno
Li motor di quassù, o se *necesse*
Con contingente mai *necesse* fenno:

Non si est dare primum motum esse,
O se del mezzo cerchio far si puote
Triangol, sì ch' un retto non avesse.

Onde se ciò ch' io dissi, e questo note,
Regal prudenza è quel vedere impari,
In che lo stral di mia 'ntenzion percuote.

E se al *Surse* drizzi gli occhi chiari,
Vedrai aver solamente rispetto
Ai Regi, che son molti, e i buon son rari.

Con questa distinzion prendi 'l mio detto:
E così puote star con quel, che credi
Del primo padre, e del nostro diletto.

E questo ti fia sempre piombo a' piedi,
Per farti muover lento, com' uom lasso,
Ed al sì, ed al no, che tu non vedi:

Chè quegli è tra gli stolti bene abbasso,
Che senza distinzione afferma, o niega,
Così nell' un, come nell' altro passo:

CHANT XIII.

Non pour savoir combien de moteurs le Ciel compte,
Ou si le *necesse* peut jamais, en bon compte,
Avec le contingent former le *necesse;*

Ou si d'un demi-cercle on peut faire un triangle
Lequel n'offrirait pas à l'œil un seul droit angle,
Ou bien si *dare sit primum motum esse.*

Ce savoir sans pareil qui t'avait mis en doute
Sur ce que je t'ai dit et sur ce que j'ajoute,
Connais-le maintenant: c'est le Savoir royal.

J'ai dit (pèse ce mot): « *s'élevant* en sagesse, »
Tu dois bien voir que c'est aux rois seuls qu'il s'adresse.
Ils sont nombreux; mais peu qui ne gouvernent mal (3).

Cette distinction posée ainsi d'avance,
Mon dire à moi n'est plus contraire à ta croyance
Sur notre premier père et notre Rédempteur.

Mets désormais ce plomb à ton pied pour qu'il tarde.
Quand tu vas dire non ou bien oui, prends bien garde,
Et si tu ne vois clair, avance avec lenteur.

En vérité, des sots c'est le plus ridicule
Celui qui nie ou bien affirme sans scrupule,
Et sans bien distinguer tranche un cas hasardeux.

Perch' egl' incontra, che più volte piega
L' opinïon corrente il falsa parte,
E poi l' affetto lo 'ntelletto lega.

Vie più che 'ndarno da riva si parte,
Perchè non torna tal qual ei si muove,
Chi pesca per lo vero, e non ha l' arte:

E di ciò sono al mondo aperte pruove
Parmenide, Melisso, Brisso, e molti,
I quali andavano, e non sapean dove.

Sì fe' Sabellio, ed Arrio, e quegli stolti,
Che furon come spade alle Scritture,
In render torti li diritti volti.

Non sien le genti ancor troppo sicure
A giudicar, sì come quei, che stima
Le biade in campo pria, che sien mature:

Ch' io ho veduto tutto il verno prima
Il prun mostrarsi rigido e feroce,
Poscia portar la rosa in su la cima:

E legno vidi già dritto e veloce
Correr lo mar per tutto suo cammino,
Perire al fine all' entrar della foce.

CHANT XIII.

Car du mauvais côté d'abord il n'est pas rare
De voir que le commun jugement nous égare,
Et puis la passion nous bande aussi les yeux.

Plus qu'inutilement il quitte le rivage,
Car il ne revient pas sain et sauf à la plage,
Celui qui va pêcher le vrai, sans avoir l'art.

Le monde en a bien eu la preuve manifeste
Dans Brissus, Mélissus, Parménide et le reste,
Qui tous, sans savoir où, s'en allaient au hasard (4).

Tels on vit Sabellius, Arius et leurs élèves (5),
Qui pour les livres saints furent comme des glaives,
Tordant et torturant le texte le plus pur.

Et bien fol est encor celui qui trop s'assure
Au jugement qu'il fait. De la moisson future
Il ne faut pas juger que le blé ne soit mûr.

Car j'ai vu dans l'hiver, avant les aubépines,
Le buisson effrayant et hérissé d'épines :
La rose y fleurissait quand vint le renouveau.

Et j'ai vu le vaisseau courant la plaine humide,
Pendant tout le trajet aller droit et rapide ;
En entrant dans le port il trouvait le tombeau.

Non creda donna Berta, e ser Martino,
Per vedere un furare, altro offerere,
Vedergli dentro al consiglio divino :

Che quel può surgere, e quel può cadere.

Ne s'imaginent pas maître Jean, dame Berthe,
Parce qu'ils ont vu l'un voler, l'autre à l'offerte,
Connaître quel sera le jugement divin!

L'un peut se relever et l'autre choir demain.

NOTES DU CHANT XIII.

(1) Imagine d'abord quinze étoiles de première grandeur, ensuite les sept étoiles du Chariot ou de la Grande-Ourse et enfin les deux étoiles qui terminent la Petite-Ourse, en tout vingt-quatre étoiles. Imagine que ces vingt-quatre étoiles réunies ont formé deux couronnes semblables à la couronne d'Ariane changée en constellation, et tu auras une idée de ces deux guirlandes d'âmes, dansant et chantant autour de moi.

(2) Dieu dit à Salomon : *Postula quod vis*. Salomon répondit : *Dabis servo tuo cor docile ut populum tuum judicare possit*.

(3) Tout cela revient à dire que c'est en tant que roi que Salomon fut, suivant l'expression de saint Thomas, un sage sans égal, et qu'il ne faut pas entendre autrement sa proposition.

(4) Sophistes anciens.

(5) Hérésiarques.

ARGUMENT DU CHANT XIV.

Dernière difficulté dont Béatrice provoque l'explication. Troisième couronne de bienheureux qui vient entourer les deux autres. Un regard jeté sur Béatrice fortifie Dante aveuglé par ces nouvelles splendeurs. Ascension au cinquième Ciel qui est celui de Mars. Sur deux rayons, disposés en forme de croix, volent dans tous les sens, en faisant entendre des hymnes mélodieuses, les âmes radieuses des croisés qui ont combattu pour la vraie Foi.

CANTO DECIMOQUARTO.

Dal centro al cerchio, e sì dal cerchio al centro
Muovesi l' acqua in un ritondo vaso,
Secondo ch' è percossa fuori o dentro.

Nella mia mente fe' subito caso
Questo, ch' io dico, sì come si tacque
La gloriosa vita di Tommaso,

Per la similitudine, che nacque
Del suo parlare e di quel di Beatrice,
A cui si cominciar, dopo lui, piacque.

A costui fa mestieri, e nol vi dice,
Nè colla voce, nè pensando ancora,
D' un altro vero andare alla radice.

CHANT QUATORZIÈME.

Dans un vase arrondi, le liquide mobile
Du centre au bord et puis du bord au centre oscille,
En dedans, par dehors tour à tour agité.

Or, il se fit soudain en mon intelligence
Un mouvement pareil, alors qu'eut fait silence
Le glorieux esprit de Thomas, d'un côté

Sa voix venant à moi de l'ardente auréole,
Et Béatrix prenant après lui la parole
Dans le centre du cercle où j'étais arrêté :

« Cet homme-ci, malgré qu'il se taise, et qu'encore
Sa pensée où je lis elle-même s'ignore,
Voudrait aller au fond d'une autre vérité.

Ditegli se la luce, onde s' infiora
Vostra sustanzia, rimarrà con voi
Eternamente, sì com' ella è ora:

E se rimane: dite come poi,
Che sarete visibili rifatti,
Esser potrà ch' al veder non vi noi:

Come da più letizia pinti e tratti
Alcuna fiata quei, che vanno a ruota,
Levan la voce, e rallegrano gli atti:

Così all' orazion pronta e devota
Li santi cerchi mostràr nuova gioia,
Nel torneàre, e nella mira nota.

Qual si lamenta, perchè qui si muoia,
Per viver colassù, non vide quive
Lo refrigerio dell' eterna ploia.

Quell' uno e due e tre, che sempre vive,
E regna sempre in tre e due ed uno,
Non circonscritto, e tutto circonscrive,

Tre volte era cantato da ciascuno
Di quelli spirti con tal melodia,
Ch' ad ogni merto saria giusto muno:

CHANT XIV.

Parlez! apprenez-lui si la splendeur divine,
Et dont votre substance aujourd'hui s'illumine,
Doit rester avec vous de toute éternité;

Et s'il doit vous rester cet éclat, dites comme,
Lorsque chacun de vous reprendra son corps d'homme (1),
Vos yeux pourront souffrir une telle clarté. »

Comme on voit s'animer la ronde, quand la joie
Au milieu des danseurs plus vive se déploie;
On se presse, on s'entraîne avec des cris joyeux :

Tels à cette requête empressée et pieuse,
De plus belle se mit la ronde bienheureuse
A tourner, en chantant ses hymnes merveilleux.

Ah! celui qui gémit de ce qu'il faut qu'on meure
Pour revivre là-haut dans une autre demeure,
De la céleste pluie ignore tout le bien!

Cet Être qui vit un, double et triple, et qui dure,
Qui règne en trois, en deux, en un, sur la nature,
Et circonscrivant tout n'est circonscrit par rien,

Trois fois il fut chanté par la ronde bénie,
Avec une si pure et si douce harmonie
Qu'elle serait pour tout mérite un juste prix.

Ed io udii nella luce più dia
Del minor cerchio una voce modesta,
Forse qual fu dell' Angelo a Maria,

Risponder: Quanto fia lunga la festa
Di Paradiso, tanto il nostro amore
Si raggerà dintorno cotal vesta.

La sua chiarezza seguita l' ardore,
L' ardore la visione, e quella è tanta,
Quanta ha di grazia sovra suo valore.

Come la carne gloriosa e santa
Fia rivestita, la nostra persona
Più grata fia per esser tuttaquanta:

Per che s' accrescerà ciò che ne dona
Di gratuito lume il Sommo Bene;
Lume ch' a lui veder ne condiziona:

Onde la vision crescer conviene,
Crescer l' ardor, che di quella s' accende,
Crescer lo raggio, che da esso viene.

Ma si come carbon, che fiamma rende,
E per vivo candor quella soverchia,
Si che la sua parvenza si difende,

Du moindre cercle alors une voix sort, modeste
Comme celle de l'Ange à la Vierge céleste,
La voix du plus brillant de ces divins esprits (2):

« La fête au Paradis doit durer éternelle,
Dit la voix; notre amour, aussi durable qu'elle,
D'un manteau de rayons doit rester revêtu.

L'éclat vient de l'ardeur; l'ardeur, du bien suprême
Qui consiste à voir Dieu; cette vision même,
De la Grâce ajoutée à notre humble vertu.

Lorsque plus tard la chair, bénie et glorieuse,
Recouvrira notre âme alors victorieuse,
Nous serons plus complets et partant plus heureux.

Par ainsi s'accroîtra ce que l'Être suprême
Nous donne de clartés gratuites ici même,
Pour que sa gloire soit accessible à nos yeux.

Alors la vision percera toute brume,
Et l'ardeur grandira que cette vue allume,
Et grandira l'éclat qui vient de cette ardeur.

Mais comme le charbon d'où la flamme s'élance,
Et qu'il surpasse encor par son incandescence,
Sous la langue enflammée apparaît sa rougeur:

Così questo fulgor, che già ne cerchia,
Fia vinto in apparenza dalla carne,
Che tutto dì la terra ricoperchia:

Nè potrà tanta luce affaticarne,
Chè gli organi del corpo saran forti
A tutto ciò, che potrà dilettarne.

Tanto mi parver subiti ed accorti
E l' uno e l' altro coro a dicere Amme,
Che ben mostrâr disio de' corpi morti:

Forse non pur per lor, ma per le mamme,
Per li padri, e per gli altri, che fur cari
Anzi che fosser sempiterne fiamme.

Ed ecco intorno di chiarezza pari
Nascere un lustro sopra quel, che v' era,
A guisa d' orizzonte, che rischiari.

E sì come al salir di prima sera
Comincian per lo Ciel nuove parvenze,
Sì che la cosa pare e non par vera;

Parvemi lì novelle sussistenze
Cominciare a vedere, e fare un giro
Di fuor dall' altre due circonferenze.

CHANT XIV.

Ainsi cette splendeur, qui jà nous environne,
Laissera transparaître à travers sa couronne
Notre corps recouvert de terre en ce moment,

Et nul ne souffrira d'une telle lumière.
Les organes du corps tiré de la poussière
Seront forts, à l'égal de tout contentement. »

Un *Amen* s'échappa de la troupe céleste,
Et sa ferveur m'était un gage manifeste
Du désir qu'ils avaient de leurs habits charnels :

Non peut-être pour eux tout seuls, mais pour un père,
Une mère, et tous ceux qu'ils aimaient sur la terre,
Avant de devenir des flambeaux éternels.

Et voici que, brillant d'une égale lumière,
Une splendeur parut par delà la première,
Ainsi qu'un horizon qui s'éclaire soudain ;

Et comme, quand le soir étend ses premiers voiles,
On voit confusément poindre au Ciel les étoiles,
Si vagues que d'abord l'œil hésite incertain ;

Telles delà les deux autres circonférences
Je crus apercevoir de nouvelles substances,
Comme elles se mouvant et tournant tout autour.

O vero sfavillar del santo Spiro,
Come si fece subito e candente
Agli occhi miei, che vinti nol soffriro!

Ma Beatrice sì bella e ridente
Mi si mostrò, che tra l' altre vedute
Si vuol lasciar, che non seguir la mente:

Quindi ripreser gli occhi miei virtute
A rilevarsi, e vidimi translato
Sol con mia Donna a più alta salute.

Ben m' accors' io, ch' i' era più levato,
Per l' affocato riso della stella,
Che mi parea più roggio che l' usato.

Con tutto 'l cuore, e con quella favella,
Ch' è una in tutti, a Dio feci olocausto,
Qual conveniasi alla grazia novella:

E non er' anco del mio petto esausto
L' ardor del sacrificio, ch' io conobbi
Esso litare stato accetto e fausto:

Che con tanto lucore, e tanto robbi
M' apparvero splendor dentro a' duo raggi,
Ch' io dissi: O Eliòs, che sì gli addobbi!

CHANT XIV.

Rayons du Saint-Esprit! Lumière étincelante!
Flamme qui m'apparut soudaine et si brûlante
Que mon œil put à peine en supporter le jour!

Mais Béatrice alors s'embellit d'un sourire
Tel qu'il faut le laisser, ne pouvant le décrire,
Parmi les visions que l'esprit n'atteint pas.

En ce souris mes yeux reprirent de la force,
Et je vis, les levant à cette douce amorce,
Qu'en un cercle plus haut avaient monté nos pas.

De mon ascension j'eus la preuve assurée
Au souris enflammé de l'étoile pourprée
Dont l'éclat l'emportait sur l'éclat précédent.

Dans cette langue alors qui partout est la même,
Du plus profond du cœur, j'offris au Dieu suprême,
Pour sa grâce nouvelle, un holocauste ardent.

Et devant que l'ardeur du pieux sacrifice
Eût de mon cœur trop plein épuisé le calice,
Je connus qu'il avait été reçu par Dieu.

Entre deux rayons d'or, remplissant l'intervalle,
Des splendeurs, où luttaient le rubis et l'opale,
M'arrachèrent ce cri : Hélios! c'est ton feu!

Come distinta da minori e maggi
Lumi biancheggia tra i poli del mondo
Galassia sì, che fa dubbiar ben saggi,

Sì costellati facean nel profondo
Marte quei raggi il venerabil segno,
Che fan giunture di quadranti in tondo.

Qui vince la memoria mia lo ingegno:
Chè 'n quella Croce lampeggiava CRISTO;
Sì ch' io non so trovare esemplo degno.

Ma chi prende sua Croce, e segue CRISTO,
Ancor mi scuserà di quel, ch' io lasso,
Vedendo in quell' albor balenar CRISTO.

Di corno in corno, e tra la cima e 'l basso,
Si movean lumi, scintillando forte
Nel congiungersi insieme, e nel trapasso.

Così si veggion qui diritte e torte,
Veloci e tarde, rinnovando vista,
Le minuzie de' corpi lunghe e corte,

Muoversi per lo raggio, onde si lista
Tal volta l' ombra che, per sua difesa,
La gente con ingegno ed arte acquista.

D'un pôle à l'autre, au Ciel, telle sous ses blancs voiles
Galassia portant toutes sortes d'étoiles
Qui donnent à penser aux plus doctes cerveaux (4) :

Constellés dedans Mars d'une façon semblable,
Ces deux rayons formaient le signe vénérable
Que font, en se croisant, deux diamètres égaux. (5)

Ici mes souvenirs écrasent mon génie :
Et comment trouverais-je une image assortie ?
Sur ces rayons en croix rayonnait JÉSUS-CHRIST.

Mais celui-là qui prend sa croix et CHRIST pour maître,
Quand il verra le CHRIST sur cet arbre apparaître,
Celui-là m'absoudra de ne l'avoir décrit.

Mille étoiles, jetant des milliers d'étincelles
Lorsqu'elles se joignaient et se croisaient entre elles,
Parcouraient en tout sens l'éblouissante croix.

Ainsi légers ou lents, crochus, droits ou difformes,
Grands, petits, et changeant et d'aspect et de formes,
Les atômes des corps voltigent quelquefois

Au sein d'un long rayon qui, par une fissure,
Filtre tout doucement dans une chambre obscure
Où l'on se défendait de la chaleur de l'air ;

E come giga ed arpa in tempra tesa
Di molte corde, fan dolce tintinno
A tal, da cui la nota non è intesa.

Così da' lumi, che lì m' apparinno,
S' accoglica per la Croce una melòde,
Che mi rapiva senza intender l' inno.

Ben m' accors' io, ch' ella era d' alte lode,
Perocchè a me venìa: Risurgi, e vinci,
Com' a colui, che non intende, ed ode.

Io m' innamorava tanto quinci,
Che 'n fino a lì non fu alcuna cosa,
Che mi legasse con sì dolci vinci.

Forse la mia parola par tropp' osa,
Posponendo 'l piacer degli occhi belli,
Ne' quai mirando, mio disio ha posa.

Ma chi s' avvede, che i vivi suggelli
D' ogni bellezza più fanno più suso,
E ch' io non m' era lì rivolto a quelli;

Escusar puommi di quel, ch' io m' accuso
Per iscusarmi, e vedermi dir vero:
Chè 'l piacer santo non è qui dischiuso,

Perchè si fa, montando, più sincero.

CHANT XIV.

Et tels la harpe ensemble et le luth font entendre,
Touchés à l'unisson, un *tin-tin* doux et tendre,
Sans qu'on distingue bien chaque note de l'air,

De même de ces feux dont l'éclair se marie,
S'épanchait sur la croix un flot de mélodie
Vague, et qui me plongeait dans le ravissement.

Je compris seulement que c'étaient des louanges
A ces mots : *Ressuscite et règne, Roi des anges!*
Que sans entendre bien, j'ouïs confusément.

Ces rayons, ces accents enchantaient mon oreille
Si fort que jusqu'ici pas une autre merveille
Ne m'avait enchaîné par un si doux lien.

Mon dire peut sembler téméraire quand j'ose
Mettre ce charme avant le plaisir que me cause
L'aspect de deux beaux yeux, mon amour, mon seul bien!

Mais si l'on réfléchit que plus haut on s'élève
Plus chaque sceau vivant de la beauté s'achève,
Et que vers les beaux yeux je ne me tournais pas,

On me pardonnera du tort dont je me blâme
Afin de m'excuser. Je dis vrai ; de ma Dame
Je n'exclus pas ici les célestes appas;

En montant, eux aussi croissaient à chaque pas.

NOTES DU CHANT XIV.

(1) Au jour du jugement dernier.

(2) Salomon, sans doute, suivant la plupart des commentateurs.

(3) Après le jugement dernier félicité et souffrances seront plus grandes pour les âmes revêtues de leurs corps (v. *Enfer*, ch. VI et XIII), et les bienheureux attendent avec impatience ce moment, non-seulement pour eux-mêmes, mais pour leurs parents et leurs amis.

(4) Galassia, nom donné par quelques auteurs à la Voie-lactée. On sait que les corps qui la composent ne sont pas encore aujourd'hui bien connus.

(5) Le signe de la croix, par conséquent.

ARGUMENT DU CHANT XV.

Cacciaguida, trisaïeul de Dante, s'offre à lui dans le Ciel de Mars. Il lui fait la généalogie de leur maison, lui raconte la pureté et la simplicité des mœurs de Florence au temps de sa naissance, ses exploits et la mort glorieuse qu'il trouva en combattant contre les Sarrasins.

CANTO DECIMOQUINTO.

Benigna voluntade, in cui si liqua
Semper l' amor, che drittamente spira,
Come cupidità fa nell' iniqua,

Silenzio pose a quella dolce lira,
E fece quietar le sante corde
Che la destra del Ciel allenta e tira.

Come saranno a' giusti prieghi sorde
Quelle sustanzie che, per darmi voglia
Ch' io le pregassi, a tacer fur concorde?

Ben è che senza termine si doglia
Chi, per amor di cosa che non duri
Eternalmente, quell' amor si spoglia.

CHANT QUINZIÈME.

Un vouloir bienveillant (cet infaillible indice
De l'amour qui s'inspire aux sources de justice,
Comme un vouloir mauvais, de l'amour criminel)

Suspendit tout à coup la lyre aux doux murmures,
Et fit taire à la fois toutes ces cordes pures
Que tend et que détend là-haut la main du Ciel.

Comment n'eussent-ils pas écouté ma prière
Ces esprits empressés, tous d'accord à se taire
Exprès pour me donner désir de les prier?

Ah! sans trêve et sans terme, il est juste qu'il pleure
Celui qui par amour pour ce qui dure une heure
De cet amour divin a pu se dépouiller!

Quali per li seren tranquilli e puri
Discorre ad ora ad or subito fuoco,
Movendo gli occhi, che stavan sicuri,

E pare stella, che tramuti loco,
Se non che dalla parte, onde s' accende,
Nulla sen' perde, ed esso dura poco;

Tal dal corno, che 'n destro si stende,
Al piè di quella Croce corse un astro
Della costellazion, che li risplende:

Nè si partì la gemma dal suo nastro:
Ma per la lista radial trascorse,
Che parve fuoco dietro ad alabastro.

Sì pia l' ombra d' Anchise si porse,
(Se fede merta nostra maggior Musa)
Quando in Elisio del figliuol s' accorse.

O sanguis meus, ô super infusa
Gratia Dei: sicut tibi, cui
Bis unquam cœli janua reclusa?

Così quel lume; ond' io m' attesi a lui:
Poscia rivolsi alla mia donna il viso,
E quinci e quindi stupefatto fui:

CHANT XV.

Comme en un temps serein brille un éclair fugace,
Étincelle qui va courant de place en place :
Le regard incertain suit le mobile feu;

On dirait à le voir une étoile en voyage,
N'était qu'au point du Ciel d'où part ce feu volage
Nulle étoile ne manque, et que lui dure peu.

Du bras droit de la Croix jusqu'au pied, il me semble
Voir de même courir un des astres qu'assemble
La constellation qui resplendit ici.

La perle reste au fil qui la tient prisonnière,
Mais glisse tout le long du ruban de lumière
Comme un feu vacillant sous l'albâtre poli.

Telle courut jadis l'ombre sainte d'Anchise
(S'il faut croire à ce que Virgile catéchise)
Lorsque dans l'Élysée il aperçut son fils.

O tu, sanguis meus, o super infusa
Gratia Domini! Cui cœli janua
Unquam sicut tibi fuit reclusa bis (1)?

Ainsi dit la lumière : attentif je m'arrête
Et puis vers Béatrix je détourne la tête.
D'ici comme de là j'eus les sens étourdis.

Che dentro agli occhi suoi ardeva un riso
Tal, ch' io pensai co' miei toccar lo fondo
Della mia grazia e del mio Paradiso.

Indi, ad udire e a veder giocundo
Giunse lo spirto al suo principio cose,
Ch' io non intesi, sì parlò profondo:

Nè per elezïon mi si nascose,
Ma per necessità, che 'l suo concetto
Al segno de' mortai si sopprapose.

E quando l' arco dell' ardente affetto
Fu sì sfogato, che 'l parlar discese
Inver lo segno del nostro 'ntelleto;

La prima cosa, che per me s' intese,
Benedetto sie tu, fu, trino ed uno
Che nel mio seme se' tanto cortese:

E seguio: Grato e lontan digiuno
Tratto, leggendo nel maggior volume
U' non si muta mai bianco, nè bruno,

Soluto hai, figlio, dentro a questo lume,
In ch' io ti parlo, mercè di colei
C' all' alto volo ti vestì le piume.

CHANT XV.

Un si tendre souris brillait dans sa prunelle
Que je pensai toucher, les yeux fixés sur elle,
Le fond de mon bonheur et de mon Paradis.

Alors l'harmonieuse et brillante topaze
Ajouta quelques mots à sa première phrase,
Dans un parler profond que j'écoutais en vain.

Non qu'elle eût le dessein de s'entourer d'un voile,
Mais par nécessité; le verbe de l'étoile
Dépassant l'horizon de l'intellect humain.

Quand l'arc d'où s'échappait vers moi la tendre flamme
Fut assez détendu, pour que la voix de l'âme
Descendît au niveau de ma faible raison;

Voici les premiers mots qu'enfin je pus comprendre :
« Dieu triple en un seul Dieu, béni sois-tu Dieu tendre,
Pour ma postérité qui te montres si bon ! »

Et poursuivant : « Ma longue et ma plus chère envie,
Depuis que j'ai pu lire au grand livre de vie
Où ne changent jamais ni le blanc ni le noir,

Tu l'exauces, mon fils, en la sphère éternelle
Où je te parle enfin, et j'en rends grâce à celle
Qui pour un vol si haut d'ailes t'a su pourvoir.

Tu credi, che a me tuo pensier mei
Da quel ch' è primo, così come raia
Deall' un, se si conosce, il cinque e 'l sei.

E però ch' io mi sia, e perch' io paia
Più gaudioso a te, non mi dimandi,
Che alcun altro in questa turba gaia.

Tu credi 'l vero, che i minori e i grandi
Di questa vita miran nello speglio,
In che, prima che pensi, il pensier pandi.

Ma perchè 'l sacro amore, in che io veglio
Con perpetua vista, e che m' asseta
Di dolce disiar, s' adempia meglio,

La voce tua sicura balda e lieta
Suoni la volontà, suoni 'l desio,
A che la mia riposta è già decreta.

Io mi volsi a Beatrice: e quella udìo
Pria ch' io parlassi, e arrisemi un cenno
Che fece crescer l' ali al voler mio:

E cominciai così: L' affetto e il senno
Come la prima egualità v' apparse,
D' un peso per ciascun di voi si fenno:

CHANT XV.

Tu crois que tes pensers, dans ce lieu de lumière,
Dérivent jusqu'à moi de la source première
Comme on voit cinq et six sortir de l'unité ;

Pour ce tu ne t'enquiers, sûr que je te devine,
Qui je suis et pourquoi mon ivresse divine
Entre toutes rayonne en ce Ciel enchanté.

Tu ne te trompes point : Dans la céleste vie
La pensée est avant de naître réfléchie
En un miroir où lit chacun des bienheureux.

Mais afin que l'amour qui me tient en extase
Les yeux ouverts, et qui d'un doux désir m'embrase,
Pour que ce saint amour s'assouvisse encor mieux,

Que ta voix assurée et joyeuse proclame
Tout haut ta volonté ! Dis le vœu de ton âme :
Ce que je dois répondre est résolu déjà. »

Vers ma Dame, à ces mots, moi je tournai la tête.
Sans que j'eusse rien dit, entendant ma requête,
D'un clin d'œil souriant elle m'encouragea.

« L'intellect et l'amour, dis-je, esprit de lumière !
Lorsque vous apparut l'Égalité première,
Vous furent mesurés en même quantité,

Perocchè al Sol, che v' allumò ed arse
Col caldo e con la luce, en sì iguali
Che tutte simiglianze sono scarse.

Me voglia argomento ne' mortali,
Per la cagion, ch' a voi è manifesta,
Diversamente son pennuti in ali.

Ond' io, che son mortal, mi sento in questa
Disaggualianza, e però non ringrazio,
Se non col cuore, alla paterna festa.

Ben supplico io a te, vivo topazio
Che questa gioia preziosa ingemmi
Perchè mi facci del tuo nome sazio.

O fronda mia, in che io compiacemmi
Pure aspettando, io fui la tua radice :
Cotal principio, rispondendo, femmi.

Poscia mi disse : Quel da cui si dice
Tua cognazione, e che cent' anni e piue
Girato ha 'l monte in la prima cornici,

Mio figlio fu, e fu e tuo bisavo fue :
Ben si convien, che la lunga fatica
Tu gli raccorci con l' opere tue.

CHANT XV. 257

Parce qu'en ce soleil, qui pour vous étincelle
Et brûle, ils sont tous deux en égalité telle
Qu'il n'est rien de semblable à cette égalité.

Mais *vouloir et savoir* dans les âmes mortelles
N'ont point pour s'envoler toujours les mêmes ailes,
Et je n'ai pas besoin de vous dire pourquoi.

Ce partage inégal de lumière et de flamme,
Moi mortel, je le sens, et ne puis que de l'âme
Répondre au tendre accueil que je reçois de toi.

Je t'en prie humblement, ô topaze vivante!
Joyau pur enchâssé dans cette croix brillante!
En me disant ton nom, calme un désir ardent! »

« Rejeton bien-aimé, qu'avec impatience
J'attendais! O ma fleur, je suis, moi, ta semence! »
Ainsi fit tout d'abord l'esprit me répondant.

« Le premier de ton nom, ajouta-t-il ensuite,
Qui, cent ans bien passés, au mont sacré gravite
Sans en avoir tourné le premier échelon (2),

Il fut mon fils, et fut père de ton grand-père.
Il est bon que pour lui tes œuvres sur la terre
Abrègent la longueur de l'expiation.

Fiorenza dentro dalla cerchia antica,
Ond' ella toglie ancora e Terza e Nona,
Si stava in pace sobria e pudica.

Non avea catenella, non corona,
Non donne contigiate, non cintura,
Che fosse a veder più che la persona.

Non faceva nascendo ancor paura
La figlia al padre, chè 'l tempo e la dote
Non fuggian quinci e quindi la misura.

Non avea case di famiglia vote
Non v' era giunto ancor Sardanapalo,
A mostrar ciò che 'n camera si puote.

Non era vinto ancora Montemalo
Dal vostro Uccellatoio, che com' è vinto
Nel montar su, così sarà nel calo.

Bellincion Berti vid' io andar cinto
Di cuoio e d' osso, e venir dallo specchio
La donna sua, senza 'l viso dipinto:

E vidi quel de' Nerli, e quel del Vecchio
Esser contenti alla pelle scoverta,
E le sue donne al fuso, ed al pennecchio.

CHANT XV.

Florence en ses vieux murs, dans cette enceinte antique
Où l'heure sonne encor au grand cadran gothique,
Vivait en paix, pudique, avec simplicité.

Elle n'avait alors ni colliers ni parures,
Point de femme attifée en de riches ceintures
Attirant les regards bien plus que sa beauté.

Une fille, en naissant, n'effrayait point son père:
Car l'hymen arrivait en son temps ordinaire;
Hors de toute raison la dot ne croissait pas.

On restait au foyer de la maison natale.
On n'avait pas encor vu de Sardanapale
Montrer ce qu'un huis clos peut couvrir d'attentats.

Le mont Malus offrait moins de magnificence
Que l'Uccellatoio de l'altière Florence,
Dont la chute sera semblable à la hauteur (3).

En ce temps-là j'ai vu Berti Bellincione
S'en aller ceint de cuir, bouclé d'os, et sa donne
Revenir du miroir sans vermillon menteur.

J'ai vu des Vecchio, des Nerli, pour parures
Contents d'une peau nue, et leurs compagnes pures
Heureuses du rouet et de l'humble fuseau.

O fortunate! e ciascuna era certa
Della sua sepoltura; ed ancor nulla
Era per Francia nel letto deserta.

L'una vegghiava a studio della culla,
E consolando usava l'idioma,
Che pria li padri e le madri trastulla:

L'altra traendo alla rocca la chioma,
Favoleggiava con la sua famiglia
De' Troiani, e di Fiesole, e di Roma.

Saria tenuta allor tal maraviglia
Una Cianghella, un Lapo Salterello,
Qual or saria Cincinnato, e Corniglia.

A così riposato, a così bello
Viver di cittadini, a così fida
Cittadinanza, a così dolce ostello

Maria mi diè, chiamata in alte grida;
E nell'antico vostro Batisteo
Insieme fui Cristiano e Cacciaguida.

Moronto fu mio frate, ed Eliseo:
Mia donna venne a me di Val di Pado,
E quindi 'l soprannome tuo si feo.

Sort bienheureux! Aucune avec désespérance
N'attendait un époux enlevé par la France,
Et chacune était sûre au moins de son tombeau.

L'une aux soins du berceau veillait, mère attentive,
Et consolait l'enfant dans la langue naïve
Qui des parents ravis fait tressauter le cœur.

L'autre, de son fuseau tirant la chevelure,
Aux enfants rassemblés, contait quelque aventure
Sur Fiesole ou sur Troie, ou le Romain vainqueur.

Cianghella, Saltarel, dans cette ère bénie,
Auraient émerveillé comme une Cornélie,
Comme un Cincinnatus dans le temps actuel (4).

C'est dans ce calme heureux d'une cité tranquille,
Dans cette belle vie, en cet honnête asile,
Sous ce doux reposoir favorisé du Ciel,

Que me donna Marie aux grands cris de ma mère;
Et je reçus dans votre antique baptistère
Les deux noms de chrétien et de Cacciaguida.

J'eus pour frères Moronte ainsi qu'Éliséie;
Du val du Pô me vint une épouse chérie;
Le second de tes noms tu le tires de là (5).

15.

Poi seguitai lo 'mperador Currado,
Ed ei mi cinse della sua milizia,
Tanto per bene oprar gli venni in grado.

Dietro gli andai incontro alla nequizia
Di quella legge, il cui popolo usurpa,
Per colpa del pastor, vostra giustizia.

Quivi fu' io da quella gente turpa
Disviluppato dal mondo fallace,
Il cui amor molte anime deturpa,

E venni dal martirio a questa pace.

CHANT XV.

Sous l'empereur Conrad je pris lors du service,
Et lui-même il m'arma soldat dans sa milice,
Tant je lui devins cher par plus d'un grand exploit.

A sa suite j'allai combattre l'infidèle,
Le mécréant qui, grâce à vos pasteurs sans zèle,
Attente insolemment à votre juste droit.

Un coup parti du sein de cette race immonde
Me délivra là-bas des nœuds trompeurs du monde,
Dont l'amour avilit tant d'âmes pour jamais,

Et je vins du martyre à cette douce paix.

NOTES DU CHANT XV.

(1) O mon sang! ô grâce surabondante de Dieu! A qui fut jamais deux fois ouverte comme à toi la porte du Ciel?

(2) C'est-à-dire qui depuis plus de cent ans erre au Purgatoire dans le premier cercle, celui des orgueilleux.

(3) Du Monte Mario qu'on appelait peut-être aussi, ou que le poëte de son chef appelle Monte Malo, on aperçoit les principaux édifices de Rome comme de l'Uccellatoio ceux de Florence.

(4) Cianghella, veuve d'un noble d'Imola, une Messaline Florentine. Lapo Salterello, jurisconsulte de Florence décrié pour ses mœurs, et l'ennemi personnel du poëte.

(5) Le nom d'Alighieri, nom de la femme de Cacciaguida, et que leur fils, bisaïeul de Dante, ajouta au sien.

ARGUMENT DU CHANT XVI.

Cacciaguida précise l'époque de sa naissance. Il passe en revue les plus illustres familles qui habitaient de son temps la vieille Florence, aujourd'hui agrandie et plus populeuse, mais dégénérée et déchirée par la discorde.

CANTO DECIMOSESTO.

O poca nostra nobiltà di sangue,
Se gloriar di te la gente fai
Quaggiù, dove l'affetto nostro langue,

Mirabil cosa non mi sarà mai:
Che là, dove appetito non si torce,
Dico nel Cielo, io me ne gloriai.

Ben se' tu manto, che tosto raccorce,
Sì che, se non s'appon di die in die,
Lo tempo va dintorno con le force.

Dal *voi*, che prima Roma sofferie,
In che la sua famiglia men persevra,
Ricominciaron le parole mie:

CHANT SEIZIÈME.

O noblesse du sang! ô chétif avantage!
Si l'homme est glorieux de t'avoir en partage
Dans ce monde où le cœur languit encor mauvais,

Cet orgueil ne peut plus désormais me surprendre,
Puisque moi-même ici je ne pus m'en défendre
Au Ciel, où nos désirs ne s'égarent jamais.

Tu n'es rien qu'un manteau bien vite hors d'usage,
Et si l'on n'y fait pas chaque jour quelque ouvrage
Le temps de ses ciseaux va rognant tout autour.

« Vous, » dis-je, répondant à l'esprit de lumière;
A ce mot *vous* que Rome employa la première (1),
Et dont l'us s'est perdu dans le parler du jour,

Onde Beatrice, ch' era un poco scevra,
Ridendo, parve quella, che tossìo
Al primo fallo scritto di Ginevra.

Io cominciai: Voi siete 'l padre mio:
Voi mi date a parlar tutta baldezza:
Voi mi levate sì, ch' io son più ch' io:

Per tanti rivi s' empie d' allegrezza
La mente mia, che di sè fa letizia,
Perchè può sostener, che non si spezza.

Ditemi dunque, cara mia primizia,
Quai fur gli vostri antichi, e quai fur gli anni
Che si segnaro in vostra puerizia?

Ditemi dell' ovil di san Giovanni,
Quant' era allora, e chi eran le genti
Tra esso degne di più alti scanni?

Come s' avviva allo spirar de' venti
Carbone in fiamma, così vidi quella
Luce risplendere a' miei blandimenti:

E come agli occhi miei si fe' più bella,
Così con voce più dolce e soave,
Ma non con questa moderna favella,

CHANT XVI.

A quelques pas de nous, Béatrix souriante
Sembla m'encourager, comme cette suivante
Qui toussait au premier péché de Ginévra (2).

« Vous êtes, fis-je donc, le père de ma race;
De parler librement vous me donnez l'audace;
Vous m'élevez plus haut que moi-même; déjà

L'allégresse entre à flots dans mon cœur et le noie,
Et mon âme n'est plus qu'une source de joie
Pour ne pas se briser sous ce torrent d'amour.

Dites-moi donc, de grâce, ô ma tige chérie!
Quels furent vos aïeux au sein de ma patrie,
Et quels ans on marquait quand vous naissiez au jour?

Dites-moi ce qu'était alors, ô mon ancêtre!
Le bercail de Saint-Jean (3), et faites-moi connaître
Les justes qui siégaient alors au premier rang? »

Comme un charbon, au vent qui souffle sur sa flamme,
Étincelle et pétille, ainsi la brillante âme
A ces mots caressants jette un éclat plus grand.

Et comme à mes regards elle se fit plus belle,
De même d'une voix plus douce, l'immortelle,
Dans le parler latin ainsi qu'au temps jadis,

Dissemi: Da quel dì, che fu detto AVE
Al parto, in che mia madre, ch'è or santa,
S'alleviò di me, ond'era grave,

Al suo Leon cinquecento cinquanta
E tre fiate venne questo fuoco
A rinfiammarsi sotto la sua pianta.

Gli antichi miei ed io nacqui nel loco,
Dove si truova pria l'ultimo sesto
Da quel, che corre il vostro annual giuoco.

Basti de' miei maggiori udirne questo:
Chi ei si furo, e onde venner quivi,
Più è tacer, che ragionare, onesto.

Tutti color, ch'a quel tempo eran' ivi
Da portar arme tra Marte e 'l Batista,
Erano 'l quinto di quei, che son vivi:

Ma la cittadinanza, ch'è or mista
Di Campi, e di Certaldo, e di Figghine,
Pura vedeasi nell' ultimo artista.

O quanto fora meglio esser vicine
Quelle genti, ch'io dico, ed al Galluzzo,
Ed a Trespiano aver vostro confine,

CHANT XVI.

Me répondit : « Du jour où l'archange à Marie
Dit : Ave, jusqu'à l'heure où ma mère chérie
M'enfanta de son sein et me nomma son fils.

Cinq cent quatre-vingt fois, ayant fourni sa course,
Mars était revenu rallumer à sa source,
Aux pieds de son Lion, ses flambeaux éternels (4).

Mes ancêtres et moi reçûmes l'existence
Dans le dernier *sestier* de la vieille Florence,
Où le coureur s'arrête en vos jeux annuels (5).

Sur mes nobles aïeux que ce mot te suffise ;
Car il ne sied pas bien que moi-même je dise
Jusqu'où dans le passé remontait mon berceau.

Le nombre, en ce temps-là, d'hommes bons à la guerre,
Entre le pont de Mars et le grand baptistère,
Était moindre cinq fois que dans l'âge nouveau.

Mais dans ce nombre accru de la fange voisine,
Des hommes de Certald, de Campi, de Figghine,
Tout était pur alors, jusqu'à l'humble artisan.

Oh ! combien mieux vaudrait avoir hors de vos portes
Les hommes que je dis, et leurs viles cohortes,
Et garder vos confins à Galluz et Trespian,

Che averle dentro, e sostener lo puzzo
Del villan d'Aguglion, di quel da Signa,
Che già per barattare ha l'occhio aguzzo!

Se la gente, ch'al mondo più traligna,
Non fosse stata a Cesare noverca,
Ma come madre a suo figliuol benigna,

Tal fatto è Fiorentino, e cambia, e merca;
Che si sarebbe volto a Simifonti,
Là, dove andava l'avolo alla cerca.

Sariesi Montemurlo ancor de' Conti:
Sariensi i Cerchi nel pivier d'Acone,
E forse in Valdigrieve i Buondelmonti.

Sempre la confusion delle persone
Principio fu del mal della cittade,
Come del corpo il cibo che s'appone.

E cieco toro più avaccio cade,
Che cieco agnello: e molte volte taglia
Più e meglio una, che le cinque spade.

Se tu riguardi Luni, ed Urbisaglia,
Come son ite, e come se ne vanno
Diretro ad esse Chiusi, e Sinigaglia:

Que dans vos propres murs humer l'air qu'empoisonne
Le manant de Signa, le rustre d'Aguiglione,
L'œil toujours aux aguets pour escroquer autrui.

Si la gent qui le plus dans le monde forligne
Eût été pour César une mère bénigne,
Au lieu de se montrer si marâtre pour lui,

Tel s'est fait Florentin et vend, achète, escompte,
Qui serait retourné bien vite à Simifonte,
Où son aïeul jadis allait tendant la main.

Montemurlo serait encore aux anciens comtes.
Valdigrève verrait encor ses Bundelmontes,
Agone aurait gardé les Cerchi dans son sein.

Un ramas d'habitants, confusion funeste,
Comme l'est dans le corps une masse indigeste,
Des cités, en tout temps, a creusé le tombeau.

Un lourd taureau, les yeux privés de la lumière,
Plus vite qu'un agneau choit et mord la poussière.
Un seul fer, qui l'ignore? en vaut cinq en faisceau.

Regarde Urbisaglia, Luni; vois! ces deux villes
Ont croulé sous le feu des discordes civiles,
Et comme elles s'en vont Chiusi, Sinigaglia.

Udir, come le schiatte si disfanno,
Non ti parrà nuova cosa, nè forte,
Poscia che le cittadi termine hanno.

Le vostre cose tutte hanno lor morte,
Sì come voi; ma celasi in alcuna,
Che dura molto, e le vite son corte.

E come 'l volger del Ciel della luna
Cuopre ed iscuopre i liti senza posa,
Così fa di Fiorenza la fortuna:

Per che non dee parer mirabil cosa
Ciò ch'io dirò degli alti Fiorentini,
Onde la fama nel tempo è nascosa.

Io vidi gli Ughi, e vidi i Catellini,
Filippi, Greci, Ormanni, e Alberichi,
Già nel calare, illustri cittadini:

E vidi così grandi, come antichi,
Con quel della Sannella quel dell'Arca,
E Soldanieri, e Ardinghi, e Bostichi.

Sovra la porta, che al presente è carca
Di nuova fellonia di tanto peso,
Che tosto fia giattura della barca,

Et puisque les cités elles-mêmes s'écroulent,
Des familles aussi, dont les gloires s'écoulent,
La dissolution point ne t'étonnera.

Toute chose périt, comme vous, sur la terre,
Mais comme l'existence humaine est éphémère
Beaucoup meurent dont vous ne voyez point la mort.

Comme la lune va tour à tour et sans trèves
Couvrant et découvrant les maritimes grèves,
Ainsi s'est exercé sur Florence le sort.

Ne sois donc pas surpris si je te dis la gloire
Des anciens Florentins, dont l'illustre mémoire
Se cache dans la nuit des siècles disparus.

J'ai vu sur leur déclin, mais dans leur noble type,
Les Ughi, les Catels, les Greci, les Philippe,
Les Ormann, les Albert; oui tous, je les ai vus.

J'ai vu dans tout l'éclat de leur grandeur antique
Les della Sannella, Soldanieri, Bostique,
J'ai vu les Ardinghi, j'ai vu les dell' Arca.

A la porte Saint-Pierre, au temps présent honnie
Et surchargée, hélas! de tant de félonie
Que bientôt votre nef sous le poids sombrera,

CANTO XVI.

Erano i Ravignani, ond' è disceso
Il conte Guido, e qualunque del nome
Dell' alto Bellincione ha poscia preso.

Quel della Pressa sapeva già come
Regger si vuole, ed avea Galigaio
Dorata in casa sua già l' elsa e 'l pome.

Grande era già la Colonna del Vaio,
Sacchetti, Giuochi, Sifanti, e Barucci,
E Galli, e quei, ch' arrossan per lo staio.

Lo ceppo, di che nacquero i Calfucci,
Era già grande, e già erano tratti
Alle curule Sizii, ed Arrigucci.

Oh quali vidi quei che son disfatti
Per lor superbia! e le palle dell' oro
Fiorian Fiorenza in tutti suoi gran fatti.

Così facean li padri di coloro,
Che, sempre che la vostra chiesa vaca,
Si fanno grassi, stando a consistoro.

L' oltracotata schiatta, che s' indraca
Dietro a chi fugge, e a chi mostra 'l dente,
O ver la borsa, com' agnel si piaca;

Étaient les Ravignan qui donnèrent naissance
Au comte Guide, et dont plus tard la descendance
Prit de Bellincion le nom encor plus beau.

Della Pressa montrait déjà comme on gouverne ;
Et de sa noble épée, au temps présent si terne,
Galigaio dorait la garde et le pommeau.

La Colonne de Vair (6) grandissait triomphante
Avec les Sacchetti, les Giocchi, les Sifante,
Les Baruc, les Galli, les Chiaramonteci (7).

Le cep des Calfucci gonflait ses vignes mûres ;
Aux siéges les plus hauts de nos magistratures
Les Sizeï montaient et les Arrigucci.

Dans quel lustre j'ai vu ceux que leur insolence
A perdus aujourd'hui ! Nul haut fait à Florence
Sans que les *Boules d'or* eussent part à l'éclat (8) ;

Et les aïeux aussi de ceux-là dont la gloire
Est de bien s'engraisser, siégeant en consistoire,
Chaque fois que chez vous vaque l'épiscopat (9).

Alors jà surgissait la race outrecuidante,
Dragon contre celui que sa rage épouvante,
Doux agneau pour qui montre ou la bourse ou la dent.

Già venía su, ma di piccola gente,
Sì che non piacque ad Ubertin Donato,
Che 'l suocero il facesse lor parente.

Già era 'l Caponsacco nel mercato
Disceso giù da Fiesole, e già era
Buon cittadino Giuda, ed Infangato.

Io dirò cosa incredibile e vera:
Nel picciol cerchio s'entrava per porta,
Che si nomava da quei della Pera.

Ciascun, che della bella insegna porta
Del gran Barone, il cui nome, e 'l cui pregio
Le festa di Tommaso riconforta,

Da esso ebbe milizia e privilegio;
Avvegna che col popol si rauni
Oggi colui che la fascia col fregio.

Già eran Gualterotti ed Importuni:
E ancor saria Borgo più quieto,
Se di nuovi vicin fosser digiuni.

La casa, di che nacque il vostro fleto,
Per lo giusto disdegno, che v'ha morti,
E posto fine al vostro viver lieto,

CHANT XVI. 279

Pourtant elle sortait d'une si pauvre terre,
Qu'Ubertin Donato rougit que son beau-père
L'alliât par sa sœur à si petite gent (10).

Déjà Caponsacco, descendu de Fiésole,
Vivait au Marché-Vieux; une noble auréole
Illustrait les deux noms d'Infangat et Giuda.

Chose étrange et qui fut comme je le rapporte:
Dans l'étroite cité conduisait une porte
Qui se nommait d'un nom pris aux della Pera (11).

Tout noble Florentin, qui porte l'armoirie
De ce fameux Baron dont le nom et la vie
Le jour de saint Thomas se célèbrent encor (12),

En ce temps prit de lui son lustre séculaire,
Bien qu'aujourd'hui se range au parti populaire
Tel qui sur son blason ajoute un filet d'or.

Galterot, Importun étaient déjà des nôtres,
Et la paix eût duré dans le bourg des Apôtres
Si de nouveaux venus n'étaient pas arrivés.

La maison d'où provient toute votre misère,
Qui vous a fait périr dans sa juste colère,
Par qui vos jours heureux furent vite achevés,

Era onorata essa, e suoi consorti.
O Buondelmonte, quanto mal fuggisti
Le nozze sue per gli altrui conforti!

Molti sarebber lieti, che son tristi,
Se Dio t' avesse conceduto ad Ema
La prima volta, ch' a città venisti.

Ma conveniasi a quella pietra scema,
Che guarda 'l ponte, che Fiorenza fesse
Vittima nella sua pace postrema.

Con queste genti, e con altre con esse,
Vid' io Fiorenza in sì fatto riposo,
Che non avea cagione, onde piangesse.

Con queste genti vid' io glorïoso,
E giusto 'l popol suo tanto, che 'l giglio
Non era ad asta mai posto a ritroso,

Nè per divisïon fatto vermiglio.

Elle était honorée en tout son parentage.
O Buondelmonté ! Par quel conseil peu sage
As-tu répudié l'hymen qui s'offrait là (13)!

Plus d'un serait joyeux au lieu d'être en souffrance
Si la première fois que tu vins à Florence
Dieu t'avait fait présent aux ondes de l'Emma.

Mais, hélas ! il fallait qu'à la pierre brisée
Sur le Ponte Vecchio (14), Florence divisée
Offrît un holocauste au terme de sa paix.

Avec ces citoyens et d'autres que j'oublie
J'ai vu Florence en paix au sein de l'Italie,
Et n'ayant de pleurer encor aucuns sujets.

Avec ces citoyens j'ai vu son peuple juste,
Glorieux, vertueux; alors le lys auguste
Sur la hampe à rebours n'était pas outragé,

Ni par les factions en lys rouge changé (15). »

NOTES DU CHANT XVI.

(1) Formule respectueuse que Rome substitua au tutoiement républicain à l'époque de la dictature de César.

(2) Lancelot du Lac fut enhardi à embrasser Ginèvre par une petite toux encourageante de sa camérière.

(3) Le bercail de Saint-Jean dans Florence, placé sous l'invocation de saint Jean-Baptiste.

(4) C'est-à-dire que depuis la naissance du Christ, annoncée par la salutation angélique, jusqu'à celle de Cacciaguida, il s'était écoulé cinq cent quatre-vingt révolutions de la planète de Mars; et comme les années de Mars sont presque le double des années solaires (2 ans moins 43 jours), la naissance de Cacciaguida doit être portée à la fin du onzième siècle.

(5) Florence était divisée en *sestiers* comme nos villes modernes en quartiers. Le sixième *sestier*, près la porte Saint-Pierre, était celui où venaient s'arrêter les coureurs à la fête de Saint-Jean (v. *Enfer*, ch. XV).

(6) Armes de la famille Pigli ou Billi.

(7) Le texte porte : « et ceux qui rougissent à cause du boisseau. » Un Chiaramontesi, préposé à la vente des grains de l'État, avait frauduleusement rétréci le boisseau légal. Ses concussions découvertes, il fut décapité.

(8) Armoiries de quelque autre illustre famille Florentine, sur laquelle les commentateurs ne sont pas d'accord.

(9) Les Visdomini, les Tosinghi et les Cortigiani. Fondateurs de l'évêché de Florence, lorsqu'il vaquait, ils se rassemblaient en consistoire et vivaient largement des revenus de l'évêché, en attendant la nomination du nouveau prélat.

(10) Ubertin Donato avait épousé l'une des filles de Bellincion Berti, qui donna la seconde à un Adimari. Cette alliance brouilla Ubertin Donato avec son beau-père.

(11) Chose étrange! car maintenant les jalousies s'opposaient à ce que le nom d'un particulier fût donné à une porte. Il s'agit ici de la porte Peruza.

(12) Plusieurs familles écartelaient leurs armes avec celles du baron Hugues, vicaire d'Othon III en Italie, dont on célébrait l'anniversaire le jour de saint Thomas.

(13) La mort de Buondelmont, qui avait refusé d'épouser une jeune fille de la famille des Amidei, fut l'origine des troubles de Florence.

(14) A la statue de Mars.

(15) Le lys blanc, bannière de Florence, avait été changé par les Guelfes vainqueurs en lys rouge.

ARGUMENT DU CHANT XVII.

Cacciaguida lève le voile des prédictions qui déjà en Enfer et au Purgatoire avaient, à mots couverts, annoncé à Dante son futur exil. Il lui révèle les douleurs qu'aura pour lui cet exil; il lui annonce les refuges qu'il trouvera. En finissant, Cacciaguida exhorte le poëte à publier hardiment son voyage surnaturel et sa vision tout entière.

CANTO DECIMOSETTIMO.

Qual venne a Climenè per accertarsi
Di ciò, ch' aveva incontro a sè udito,
Quei, ch' ancor fa li padri ai figli scarsi,

Tale era io, e tale era sentito
E da Beatrice, e dalla santa lampa
Che pria per me avea mutato sito.

Per che mia donna: Manda fuor la vampa
Del tuo disio, mi disse, sì ch' ell' esca
Segnata bene dell' interna stampa:

Non perchè nostra conoscenza cresca
Per tuo parlare, ma perchè t' ausi
A dir la sete, sì che l' uom ti mesca.

CHANT DIX-SEPTIÈME.

Tel ce fils dont la chute instruisit plus d'un père,
Allant demander compte à Climène, sa mère,
Des bruits que l'on avait répandus sur son sang (1) :

Tel j'étais, tel aussi semblais-je à Béatrice,
Ainsi qu'à ce flambeau de la sainte milice
Qui pour m'entretenir avait quitté son rang.

« Exhale librement, me dit alors ma Dame,
Le feu de ton désir; et que soit cette flamme
Empreinte exactement du cachet de ton cœur!

Non que ton dire ici puisse rien nous apprendre,
Mais il faut déclarer ta soif sans t'en défendre
Afin qu'à cette soif on verse la liqueur. »

O cara pianta mia, che si t' insusi,
Che, come veggion le terrene menti
Non capere in triangol due ottusi,

Così vedi le cose contingenti.
Anzi che sieno in sè, mirando 'l punto,
A cui tutti li tempi son presenti.

Mentre ch' io era a Virgilio congiunto
Su per lo monte, che l' anime cura,
E discendendo nel mondo defunto,

Dette mi fur di mia vita futura
Parole gravi; avvegna ch' io mi senta
Ben tetragono ai colpi di ventura.

Perchè la voglia mia saria contenta
D' intender qual fortuna mi s' appressa;
Chè saetta prevista vien più lenta.

Così diss' io a quella luce stessa,
Che pria m' avea parlato, e come volle
Beatrice, fu la mia voglia confessa.

Nè per ambage, in che la gente folle
Già s' invescava pria che fosse anciso
L' Agnel di Dio, che le peccata tolle,

— « O ma tige chérie en la gloire exhaussée !
Tout aussi clairement qu'en l'humaine pensée
Un triangle répugne à deux angles obtus,

O toi qui vois devant que dans le temps il entre
Tout futur contingent, en contemplant le centre
Pour qui sont tous les temps présents et confondus !

Comme Virgile et moi nous gravissions les pentes
Du saint mont qui guérit les âmes pénitentes,
Et quand nous descendions au royaume de mort,

Plusieurs voix dans mon cœur ont jeté l'épouvante
Sur ma vie à venir, encor que je me vante
D'être bien équarri contre les coups du sort;

Et ce serait la paix pour mon âme inquiète
De savoir quels revers la fortune m'apprête ;
Quand on le voit venir, moins perçant est le trait. »

Ainsi dis-je, parlant à l'esprit bénévole
Qui m'avait, le premier, adressé la parole,
Ouvrant mon cœur, ainsi que Béatrix voulait.

Aussitôt, sans user de ces détours d'oracle
Où s'engluait le monde, avant le grand miracle
De la Rédemption par l'Agneau du Seigneur,

Ma per chiare parole, e con preciso
Latin rispose quell' amor paterno,
Chiuso, e parvente del suo proprio riso:

La contingenza, che fuor del quaderno
Della vostra materia non si stende,
Tutta è dipinta nel cospetto eterno.

Necessità però quindi non prende
Se non come dal viso, in che si specchia
Nave, che per corrente giù discende.

Da indi, sì come viene ad orecchia
Dolce armonia da organo, mi viene
A vista 'l tempo, che ti s'apparecchia.

Qual si partì Ippolito d'Atene
Per la spietata e perfida noverca,
Tal di Fiorenza partir ti conviene.

Questo si vuole, e questo già si cerca;
E tosto verrà fatto a chi ciò pensa
Là dove Cristo tutto dì si merca.

La colpa seguirà la parte offensa
In grido, come suol: ma la vendetta
Fia testimonio al ver, che la dispensa.

Mais en latin précis, et sans nulle équivoque,
Me répondit l'amour paternel que j'invoque,
Transparent et voilé sous sa propre splendeur :

« Les divers contingents, qui pour cadre et frontière
Ont l'horizon borné de votre humble matière,
Sont tous peints dans les yeux de l'éternel voyant.

Non que ce qu'il prévoit fatalement arrive.
Le regard qui contemple une nef en dérive
N'oblige pas l'esquif à suivre le courant.

De ce divin miroir, comme d'une orgue pie
Arrive à notre oreille une douce harmonie,
Se réfléchit vers moi ton destin à venir.

Tel sortit autrefois Hyppolite d'Athène
Lorsque l'en fit chasser sa marâtre inhumaine,
Tel de Florence un jour il te faudra partir !

Voilà ce que l'on veut, ce que l'on te destine.
Bientôt réussira la trame qu'on machine
Là-bas où tout le jour on trafique du Christ (2).

Comme toujours, le monde, à qui subit l'offense
Imputera les torts ; mais prenant ta défense,
Le Ciel vengeur sera le témoin du proscrit.

Tu lascerai ogni cosa diletta
Più caramente: e questo è quello strale
Che l'arco dell'esilio pria saetta.

Tu proverai sì come sa di sale
Lo pane altrui, e com'è duro calle
Lo scendere, e 'l salir per l'altrui scale.

E quel, che più ti graverà le spalle,
Sarà la compagnia malvagia e scempia,
Con la qual tu cadrai in questa valle:

Chè tutta ingrata, tutta matta ed empia
Si farà contra te: ma poco appresso
Ella, non tu, n'avrà rossa la tempia.

Di sua bestialitate il suo processo
Farà la pruova, sì ch'a te fia bello
Averti fatta parte per te stesso.

Lo primo tuo rifugio, e 'l primo ostello
Sarà la cortesia del gran Lombardo,
Che 'n su la Scala porta il santo uccello:

Ch'avrà in te sì benigno riguardo,
Che del fare e del chieder tra voi due
Fia primo quel, che tra gli altri è più tardo.

CHANT XVII.

Il te faudra laisser toute chose chérie
Et le plus tendrement: en quittant la patrie,
C'est là le premier dard de l'exil ennemi.

Tu sentiras alors quel sel amer on goûte
Au pain de l'étranger, et quelle dure route
De descendre et monter par l'escalier d'autrui!

Ce qui rendra la peine encore plus pesante,
C'est la société stupide et malfaisante
Qui dans ce val d'exil avec toi tombera.

Contre toi tout entière, ingrate, folle, impie,
Elle se tournera! mais comme tout s'expie,
C'est leur front, non le tien, qui bientôt rougira.

Les faits condamneront leur méchanceté noire
Et leur stupidité. Toi, ce sera ta gloire
D'avoir fait de toi-même, à toi seul, un parti (3)

Le grand seigneur Lombard qui porte en armoirie,
Sur une échelle d'or, l'aigle de Germanie,
T'offrira le premier un généreux abri (4).

Il te regardera de l'œil tendre d'un frère.
Entre vous, au rebours de ce qu'on voit sur terre,
Le don arrivera plus pressé que le vœu.

Con lui vedrai colui, che impresso fue
Nascendo. sì da questa stella forte,
Che notabili fien l' opere sue.

Non se ne sono ancor le genti accorte
Per la novella età, che pur nove anni
Son queste ruote intorno di lui torte.

Ma pria che 'l Guasco l' alto Arrigo inganni,
Parran faville della sua virtute,
In non curar d' argento, nè d' affanni.

Le sue magnificenze conosciute
Saranno ancora, sì che i suoi nimici
Non ne potran tener le lingue mute.

A lui t' aspetta ed a suoi benefici:
Per lui fia trasmutata molta gente,
Cambiando condizion ricchi e mendici:

E porteràne scritto nella mente
Di lui, ma nol dirai: e disse cose
Incredibili a quei, che fia presente.

Poi giunse: Figlio, queste son le chiose
Di quel, che ti fu detto, ecco le 'nsidie,
Che dietro a pochi giri son nascose.

CHANT XVII.

Avec lui tu verras celui dont la naissance
De cet astre guerrier a subi l'influence,
Et que de beaux exploits illustreront dans peu.

Les hommes n'ont pas pu le saluer encore.
C'est encore un enfant. Sur son front qu'on ignore
Les orbites du Ciel n'ont que neuf fois tourné (5);

Mais avant qu'en sous-main n'ait le Gascon perfide
Trompé le grand Henri (6), son ardeur intrépide
Et son mépris de l'or auront jà rayonné.

Si grand sera l'éclat de ses magnificences
Que ses ennemis même à ses munificences
Ne pourront refuser leur admiration.

Tu peux compter sur lui, sur ses mains secourables.
Par lui nombre de gens, puissants ou misérables,
Changeront de fortune et de condition.

Retiens encor ... ceci de lui dans ta mémoire,
Mais sans le publier. » Lors il dit à sa gloire
Ce qu'on ne croira pas, en fût-on le témoin.

Puis ajouta : « Mon fils, voilà le commentaire
De ce qui te fut dit : et voilà ce calvaire,
Ces pièges que te cache un temps qui n'est pas loin;

Non vo' però, ch' à' tuoi vicini invidie,
Poscia che s'infutura la tua vita,
Via più là, che 'l punir di lor perfidie.

Poi che tacendo si mostrò spedita
L'anima santa di metter la trama
In quella tela, ch' io le porsi ordita,

Io cominciai, come colui, che brama,
Dubitando, consiglio da persona,
Che vede, e vuol dirittamente, ed ama:

Ben veggio, padre mio, sì come sprona
Lo tempo verso me per colpo darmi
Tal, ch' è più grave a chi più s' abbandona:

Per che di provedenza è buon, ch' io m' armi,
Sì che se luogo m' è tolto più caro,
Io non perdessi gli altri per miei carmi.

Giù per lo mondo senza fine amaro;
E per lo monte, del cui bel cacume
Gli occhi della mia donna mi levaro,

E poscia per lo Ciel di lume in lume,
Ho io appreso quel, che s' io ridico,
A molti fia savor di forte agrume:

A tes voisins pourtant ne porte pas envie.
Tu pourras prolonger assez longtemps ta vie
Pour voir leur perfidie infâme s'expier. »

Après qu'en se taisant eut montré la sainte âme
Qu'elle avait achevé de parfiler la trame
De la toile que moi j'avais mise au métier,

Je commençai du ton d'un homme qui conjure
Dans un cas difficile, une âme droite et pure,
Un esprit clairvoyant, un cœur affectueux :

« Je vois bien qu'au galop vers moi le temps s'élance,
Père ! pour me frapper d'un de ces coups de lance
D'autant plus renversants qu'on lutte moins contre eux.

Aussi de prévoyance est-il bon que je m'arme,
Pour qu'arraché du lieu natal, mon plus doux charme,
Je ne me ferme pas les autres par mes vers.

En bas, au monde plein d'amertume éternelle,
Par la montagne aussi, du sommet de laquelle
M'ont emporté plus haut les yeux qui me sont chers,

Puis enfin dans le Ciel, de lumière en lumière,
J'appris d'amers secrets que bien des gens, mon père,
Si je les leur redis, ne goûteront pas bien.

E, s'io al vero son timido amico,
Temo di perder vita tra coloro,
Che questo tempo chiameranno antico.

La luce, in che rideva il mio tesoro,
Ch'io trovai lì, si fe' prima corrusca,
Quale a raggio di Sole specchio d'oro:

Indi rispose: Coscïenza fusca,
O della propria, o dell'altrui vergogna,
Pur sentirà la tua parola brusca.

Ma nondimen, rimossa ogni menzogna,
Tutta tua visïon fa manifesta
E lascia pur grattar dov'è la rogna:

Chè se la voce tua sarà molesta
Nel primo gusto, vital nutrimento
Lascerà poi quando sarà digesta.

Questo tuo grido farà come vento,
Che le più alte cime più percuote:
E ciò non fia d'onor poco argomento.

Però ti son mostrate in queste ruote,
Nel monte, e nella valle dolorosa
Pur l'anime, che son di fama note:

Et pourtant, si du vrai je suis un ami lâche,
J'ai peur de ne pas vivre, ayant mal fait ma tâche,
Parmi ceux qui ce temps appelleront ancien. »

La lumière où riait le trésor adorable
Que j'avais trouvé là, luit plus vive, semblable
Aux rayons du soleil miroitant sur de l'or,

Puis elle répondit : « Conscience assombrie
Ou par sa propre honte ou par autre infamie,
En toi trouvera certe un brusque et dur mentor.

Mais nonobstant, mon fils, écarte tout mensonge,
Et laissant se gratter ceux que la rogne ronge,
Toute ta vision, redis-la hardiment !

Au premier goût pourra ta parole être amère,
Mais elle laissera, quoique rude et sévère,
Une fois digérée, un vital aliment.

Ta voix, comme le vent frappant les hautes cîmes,
Tonnera hardiment contre les plus grands crimes,
Ce qui ne fera pas peu d'honneur à ton nom.

Aussi bien l'on ne t'a désigné dans ces sphères,
Dans la montagne sainte et le val des misères,
Que les âmes sur terre ayant quelque renom.

Chè l'animo di quel, ch'ode, non posa,
Nè ferma fede per esempio ch'haia
La sua radice incognita e nascosa,

Nè per altro argomento che non paia.

Car l'esprit de celui qui nous prête l'oreille
Affermit mal sa foi si notre voix conseille
Par un exemple obscur, quelque nom peu frappant,

Ou tout autre argument qui ne soit éclatant. »

NOTES DU CHANT XVII.

(1) Phaéton alla trouver sa mère Climène pour lui demander s'il était en effet fils du Soleil, ce qu'Epaphus avait nié. Le texte désigne Phaéton par ces mots : « celui qui rend les pères plus sévères à leurs fils, » parce que la faiblesse d'Apollon, qui accéda au désir téméraire de Phaéton en lui laissant conduire le char du soleil, fut punie par la chute et la mort de son fils.

(2) A Rome où les Guelfes, avec Boniface VIII, appelaient secrètement Charles de Valois à Florence pour en chasser les Gibelins.

(3) Dante fut en butte à la haine de ses compagnons d'exil parce que, dit Lombardi, il ne voulut pas consentir à essayer de s'emparer de Florence; ils le tentèrent malgré lui et furent écrasés.

(4) Un des Scaliger, seigneurs de Vérone, qui avaient pour armoiries une échelle surmontée d'un aigle.

(5) Can le Grand, âgé seulement de neuf ans au moment où le poète est censé faire son voyage.

(7) Trait à l'adresse de Clément V, né en Gascogne. Dante l'accuse de perfidie à l'endroit de Henri VII.

FIN DU TOME PREMIER.

TABLE DES ARGUMENTS.

Pages.

Chant I. — Invocation. Béatrice a les yeux fixés au Ciel. Dante a les siens attachés sur Béatrice, et dans cette contemplation, il se sent transfiguré et s'élève avec elle jusqu'au premier Ciel. Il s'émerveille de cette ascension au-dessus de l'air et du feu. Béatrice dissipe son étonnement : libre de toute entrave, c'est-à-dire lavé de toute souillure, il est devenu un être pur, une flamme vive qui monte de la terre au Ciel, aussi naturellement qu'un fleuve qui suit sa pente en descendant d'une montagne   3

Chant II. — Dante monte avec Béatrice dans le Ciel de la Lune. Il demande la cause des taches qu'on aperçoit dans cette planète. Béatrice lui démontre que ce n'est point, comme il le croit, par l'effet de la matière disposée en couches ou plus rares ou plus denses. C'est une vertu intrinsèque propre à chaque planète, qui brille à travers chacune d'elles comme la joie à travers la prunelle des yeux, et, selon qu'elle est plus forte ou plus faible, produit la lumière ou l'ombre. . 21

Chant III. — Des âmes s'offrent à Dante dans le cercle de la Lune. Il reconnaît Piccarda. Il apprend par elle que la Lune est le séjour des âmes qui ont fait vœu de chasteté, mais qui ont été violemment arrachées à leurs vœux religieux. Elle lui prouve que, bien qu'il y ait différentes sphères dans le Ciel, tous les bienheureux sont amplement satisfaits du rang qui leur est assigné dans l'échelle céleste, et ne désirent rien de plus que ce qu'ils ont 39

CHANT IV. — Les paroles de Piccarda et sa présence dans la Lune ont suggéré à Dante deux questions graves touchant le séjour des bienheureux et l'action de la violence sur la volonté. Béatrice l'éclaire. Théorie de la volonté libre. Dante soumet à Béatrice une troisième question : à savoir s'il est impossible de suppléer de quelque manière à des vœux qui n'ont pas été observés jusqu'au bout. 55

CHANT V. — Béatrice répond à la question de Dante en lui expliquant, d'après la nature et l'essence du vœu, comment et dans quel cas on peut satisfaire à des vœux qui ont été enfreints. Ascension au second Ciel, au Ciel de Mercure. Dante interroge un des esprits radieux qui s'empressent en foule vers lui 73

CHANT VI. — Justinien se découvre au poète. Il lui retrace le bien qu'il a fait, et toute la glorieuse histoire de l'aigle impériale et romaine. Il termine en lui apprenant que la planète qu'il habite est le séjour des âmes avides de gloire, qui ont fait de belles actions en vue et par amour de la renommée, et lui montre l'âme de Romée, ministre de Raymond Béranger, comte de Provence 89

CHANT VII. — Justinien et les autres esprits disparaissent. Un propos de l'empereur, demeuré obscur pour Dante, lui est éclairci par Béatrice qui entreprend ensuite de lui expliquer le mystère de la rédemption humaine par l'incarnation du Verbe. Argument subsidiaire en faveur de l'immortalité de l'âme et de la résurrection des corps 107

CHANT VIII. — Du Ciel de Mercure, le poète monte dans le Ciel de Vénus, séjour des purs amants et des parfaits amis. Il ne s'est aperçu de son ascension qu'à la

TABLE DES ARGUMENTS. 303

beauté de Béatrice qui resplendit toujours plus de sphère en sphère. Rencontre de Charles-Martel, roi de Hongrie. Sur quelques mots échappés à Charles-Martel contre son frère Robert, le poëte lui demande comment un fils peut ne pas ressembler à son père. L'esprit résout devant lui ce problème 125

CHANT IX. — Entretien de Dante d'abord avec Cunizza, sœur d'Ezzelino de Romano, tyran de la Marche de Trévise, qui prédit les malheurs de sa patrie, ensuite avec Foulques de Marseille 143

CHANT X. — Le poëte et Béatrice montent au quatrième Ciel, qui est celui du Soleil. Ils se trouvent entourés d'un cercle d'âmes resplendissantes, formant un chœur admirable de danses et de voix. Saint Thomas, l'une de ces âmes bienheureuses, désigne au poëte quelques-uns de ses compagnons 161

CHANT XI. — Le chœur des âmes bienheureuses s'est arrêté. Saint Thomas d'Aquin reprend la parole. Deux points de son discours avaient laissé Dante dans l'incertitude ; il entreprend de résoudre ces doutes en lui racontant la vie de saint François 179

CHANT XII. — Un autre cercle de bienheureux se forme en couronne autour du cercle de saint Thomas. Un esprit de ce second cercle prend la parole : c'est saint Bonaventure. Il raconte la vie de saint Dominique dont saint Thomas n'a dit qu'un mot dans l'éloge de saint François, et fait connaître les autres esprits qui composent avec lui la seconde couronne de bienheureux 195

CHANT XIII. — Le poëte emprunte aux astres une image pour peindre cette double guirlande d'âmes radieuses qu'il voyait danser et chanter autour de lui. Saint Thomas résout la seconde des difficultés soulevées par son récit (chant X). Il explique cette phrase où il disait que Salomon fut sans second en sagesse. Après l'avoir accordée avec ce que l'Écriture nous enseigne sur Adam

	Pages.
doué, en sortant des mains de Dieu, de toutes les perfections humaines, et sur Jésus-Christ, la sagesse incarnée, le docteur angélique termine sa thèse en exhortant le poëte à ne pas précipiter ses opinions	213
CHANT XIV. — Dernière difficulté dont Béatrice provoque l'explication. Troisième couronne de bienheureux qui vient entourer les deux autres. Un regard jeté sur Béatrice fortifie Dante aveuglé par ces nouvelles splendeurs. Ascension au cinquième Ciel qui est celui de Mars. Sur deux rayons, disposés en forme de croix, volent dans tous les sens, en faisant entendre des hymnes mélodieuses, les âmes radieuses des croisés qui ont combattu pour la vraie Foi	231
CHANT XV. — Cacciaguida, trisaïeul de Dante, s'offre à lui dans le Ciel de Mars. Il lui fait la généalogie de leur maison, lui raconte la pureté et la simplicité des mœurs de Florence au temps de sa naissance, ses exploits et la mort glorieuse qu'il trouva en combattant contre les Sarrasins	247
CHANT XVI. — Cacciaguida précise l'époque de sa naissance. Il passe en revue les plus illustres familles qui habitaient de son temps la vieille Florence, aujourd'hui agrandie et plus populeuse, mais dégénérée et déchirée par la discorde	265
CHANT XVII. — Cacciaguida lève le voile des prédictions qui déjà en Enfer et au Purgatoire avaient, à mots couverts, annoncé à Dante son futur exil. Il lui révèle les douleurs qu'aura pour lui cet exil; il lui annonce les refuges qu'il trouvera. En finissant, Cacciaguida exhorte le poëte à publier hardiment son voyage surnaturel et sa vision tout entière	283

www.ingramcontent.com/pod-product-compliance
Lightning Source LLC
Chambersburg PA
CBHW060401170426
43199CB00013B/1953